L'art
de vivre en harmonie

L'art
de vivre en harmonie

Anselm Grün

L'art
de vivre
en harmonie

présenté par Anton Lichtenauer

Traduit de l'allemand
par Christiane Lanfranchi-Veyret
et Gabriel Raphaël Veyret

Albin Michel

Albin Michel
■ *Spiritualités* ■

Ouvrage publié sous la direction
de Jean Mouttapa

Introduction

par Anton Lichtenauer

ᴇɴ ǫᴜᴏɪ consiste l'art de vivre ? Est-ce voir les choses de façon positive, vivre selon la devise « *Take it easy* » – Qui a des problèmes en est seul responsable ?

Beaucoup partagent – sans être dupes ! – ce point de vue. Celui qui s'en sort le mieux est celui qui ne s'embarrasse pas de Dieu et qui sait toujours retourner les choses à son avantage. Ce qui lui importe : saisir l'instant, tout ce qui passe et, avant tout, prendre sans se faire prendre. Et à Dieu va !

La vie *light*, donc ?

« Devenir plus lourd, être plus léger » : c'est ce qu'affirmait Paul Celan. C'est là tout autre chose que la devise de ces esthètes de la vie, de ces gens pour qui la vie n'a de « poids » que s'ils la prennent avec « légèreté ». C'est même plutôt le contraire. Et là se trouve la quintessence du véritable art de vivre.

« Devenir plus lourd, être plus léger », il s'agit bien là d'un art : ne pas exclure les opposés mais trouver le bon équilibre. Être attentif à ce qui possède une valeur véritable et, de cette manière, donner du poids à la vie. Se défaire des fardeaux inutiles. Et concilier ces deux attitudes : avoir les pieds sur terre tout en s'ouvrant au monde. Être enraciné et vivre en liberté. Rester en contact avec la terre tout en regardant vers le ciel.

La devise de Paul Celan – jusque dans son image – n'est pas si éloignée de ce que recherchaient les Pères du désert, en Égypte, et de ce que nous tentons de retrouver aujourd'hui. Anselm Grün aime rappeler ces paroles d'*abba* Antoine : « Lorsque tu constates qu'un jeune moine aspire au ciel de son propre fait, retiens bien ses pieds, ramène-le sur terre car cela est néfaste pour lui. »

Le « conquérant du ciel », tourné exclusivement vers la spiritualité, ne fait que se perdre dans sa propre exaltation. Mais celui qui reste cloué au sol ne peut pas accueillir le ciel en lui. C'est ce qu'Anselm Grün appelle une « spiritualité ancrée à la terre ». Voilà, en quelques mots, sa définition de l'art de vivre. Derrière cette conception se cache une vérité psychologique : le bonheur et le malheur trouvent leur racine au cœur de notre propre vie. Celui qui veut connaître le bonheur ne doit pas commencer par transformer le monde ou par adapter les circonstances à ses propres désirs.

Regarde en toi, connais-toi toi-même. C'est vers l'intérieur que conduit le chemin du bonheur – du moins dans un premier temps. Nous portons en nous tout ce à quoi nous aspirons, tout ce qui nous effraie et tout ce que nous fuyons. Notre cœur, notre réalité profonde, est l'humus sur lequel pousse la plante du bonheur.

Cette conception recèle aussi une conviction profonde : la croyance que l'aspiration au ciel et à une vie éternelle est indéracinable et que c'est là que se situe la vérité – même si elle reste masquée, recouverte. Celui qui ne perçoit pas le mystère de la transcendance passe à côté de sa vie, une « vie dans la profusion ».

L'image de cette « vie à profusion » signifie que l'on peut trouver le ciel dans la vie quotidienne, ici et maintenant, sans rechercher une consolation à venir dans l'au-delà. Cela veut dire aussi : nous pouvons accepter simplement et sereinement nos limites. Ce que nous pouvons vivre aujourd'hui est quelque chose dont nous espérons l'accomplissement dans la profusion. La tension entre attente et accomplissement nous maintient en vie – elle sera abolie complètement dans l'achèvement de tout désir. Le fait d'être limité ne nous oblige aucunement à envisager la vie d'une manière désespérée, parce que ce serait « maintenant ou jamais », et à engloutir dans la précipitation tout ce qui se présente. La lourdeur devient légèreté lorsque penser à la mort suscite en moi un sentiment de reconnaissance, lorsque penser que j'ai le droit de vivre me prouve que je vis d'une manière plus consciente.

Être heureux ou malheureux trouve donc aussi sa racine dans la spiritualité. Ce qui veut dire : être attentif aux moments qui voient l'éternité s'inscrire dans le temps, moments où toute agitation cesse, où les contraires sont transcendés. La relation à la transcendance est décisive. C'est là que se trouve ma valeur authentique, ma sécurité. Sans le ciel au-dessus de nous, nous perdons notre relation à la terre. Comme l'arbre, enraciné dans la terre, qui tire sa vitalité aussi des branches, ses « racines aériennes », qui le tirent vers le haut. Cette ouverture à la transcendance, selon Anselm Grün, nous raccorde à une énergie qui transforme tout. Là est l'essentiel, car cette énergie est l'amour qui peut rendre ma vie plus forte, sainte, inaltérable et pleine. Celui qui prend conscience de cela pourra vivre autrement.

Bien qu'elle ne comporte pas de recette ou de recommandation claire, cette conception de la vie n'en a pas moins des conséquences dans le quotidien, dans la façon de se considérer soi-même, dans les relations aux autres, dans la vie professionnelle, dans notre gestion du temps. Et dans notre façon d'être au monde en général.

Le secret du bonheur, selon Anselm Grün, pourrait s'exprimer ainsi : Sois qui tu es – mais évite de tourner sans cesse autour de ton ego. Ne te fais pas d'illusions. Accepte de ne pas être un héros, ne t'accorde pas trop d'importance. Travaille sur tes faiblesses mais sans acharnement. Lâche prise. Accepte-toi avec tes inconséquences et tes contradictions. En effet, ce n'est que si tu les admets que tu pourras avancer. Alors seulement tu seras tout à fait humain. Seul celui qui se montre charitable avec lui-même peut avoir de la compassion pour les autres.

Celui qui a des égards pour lui-même peut devenir une bénédiction pour les autres. Ne cherche pas à répondre aux attentes des autres. Vis ta vie et ne te laisse pas guider par des pressions externes. Ne cherche pas à t'adapter mais cherche plutôt à vivre en accord avec toi-même, et non seulement tu trouveras l'harmonie avec toi-même mais tu pourras aussi propager l'harmonie autour de toi. Recherche les relations toutes en profondeur et reçois-les comme des cadeaux, dans l'amitié comme dans l'amour. Aie confiance en tout amour – et prends la mesure de sa véritable profondeur. Tu ne vois bien qu'avec le cœur.

Le travail et la contemplation sont toujours allés de pair pour les moines. Nous pouvons, aujourd'hui encore, nous mettre à leur école. À toi, lecteur, de jouer : donne un sens à ton travail mais ne te laisse pas absorber par lui. Le but est de trouver l'équilibre. Garde du temps pour te connaître et pour connaître les autres. Ne laisse pas le stress de la vie quotidienne t'envahir. Recherche le calme, le silence. Celui qui veut se transformer, mûrir, grandir a besoin de silence. Donne de l'élan à ton âme. Ne te laisse pas abattre par les échecs et les blessures. Tout peut devenir une chance.

Au cœur de cet art de vivre se trouve une confiance originelle qui te dit : Ne t'inquiète pas, vis ici et maintenant, sois entièrement présent et jouis de l'instant. Ce qui ne veut pas dire *wellness* – dorlotage pour âme sensible. Mais plutôt : Éveille-toi à la vie, ne fuis pas, sois présent à toi-même et à tes proches, attache-toi à ce qui est important et non à ce qui est passé, laisse venir les choses.

« Devenir plus lourd, être plus léger », ces deux choses peuvent aller de pair : le lâcher-prise et la gravité, le ciel et la terre, l'éternité et le temps, le divin et l'humain. L'art consiste à être ouvert aux deux dimensions et à trouver, à chaque instant, un équilibre entre ces deux pôles.

Cet art de vivre est-il difficile ? Oui et

non. En fin de compte, il est l'expression d'une joie surnaturelle qui réunit le ciel et la terre. Pour Anselm Grün, l'art de vivre trouve sa meilleure expression dans ces mots d'Augustin : « Apprends à danser, sinon les anges, au ciel, ne sauront que faire de toi. »

Ces mots renvoient, à des siècles de distance, à ceux de Friedrich Nietzsche : « Ce qui est bon est léger. Tout ce qui est divin marche d'un pied délicat. » Cette légèreté, cet élan et cette libération, ici et maintenant, et dans notre vie personnelle – tel serait le paradis sur terre.

*Le secret du bonheur :
sois qui tu es*

*Accepte-toi
et sois bon envers toi-même*

Le secret du bonheur

« *LE SECRET* du bonheur : Sois qui tu es. » C'est là une des maximes d'Érasme de Rotterdam.

Dans ma jeunesse, j'ai pris pour modèles des personnalités célèbres. Je voulais absolument atteindre le niveau de culture et de sagacité du grand théologien Karl Rahner. Mon rêve était de pouvoir chanter aussi bien que le grand ténor Fritz Wunderlich. Aujourd'hui, bien sûr, je sais que celui qui ne s'oriente que par rapport aux étoiles peut facilement perdre le contact avec la terre. Mais il vrai, pourtant, qu'avoir des modèles reste une chose positive. On en change au cours du temps – et cela est bien ainsi – en fonction de l'évolution des circonstances et des buts, mais ils n'en sont pas moins l'aiguillon qui pousse à aller de l'avant. Les modèles constituent un défi : ils obligent à travailler sur soi. En cela, ils m'aident aussi à avancer sur le chemin de la vie intérieure, mais si je reste obsédé par eux je ne pourrai qu'être insatisfait de moi-même.

Je suis, aujourd'hui, reconnaissant pour ce que je suis. Certes, il m'arrive d'avoir ce genre de pensées : « Comme j'aimerais pouvoir formuler les choses aussi bien qu'Augustin ou Erhart Kästner ! », ou encore : « Ah, si je pouvais être aussi clair, dans les conversations, que mon directeur spirituel ! » Mais dès que je m'en rends compte, je me dis : « Je suis qui je suis et c'est bien ainsi. Je fais ce qui est à ma portée. » Si je réussis à être en harmonie avec moi-même et à accepter avec reconnaissance les capacités que Dieu m'a données, en même temps que mes limites, alors je peux éprouver ce qu'est le bonheur véritable. Plus encore : je peux dire de moi que je *suis* heureux. Tout est bien. Assis, j'inspire, j'expire et je jouis de la vie qui me traverse en même temps que de mon unicité. Je savoure la vie, je savoure le bonheur. Il n'est pas nécessaire de vouloir changer les choses avec acharnement, de travailler sur moi-même sans répit et sans pitié. Je suis celui que je suis, façonné par Dieu, protégé dans la chaleur de son amour, accepté sans condition. Alors, je ressens la paix en moi et tout est bien.

Tout cela, Érasme, grand humaniste et bon connaisseur de l'être humain, l'a résumé d'une phrase.

Tout est en toi

« $\mathscr{C}$ E QUE TU FUIS comme ce à quoi tu aspires, tout cela est en toi. » C'est ce qu'affirme Anthony De Mello, un maître spirituel indien. En réalité, beaucoup d'hommes se fuient eux-mêmes, ils essaient d'échapper à leur angoisse, à leurs sentiments de culpabilité, aux situations menaçantes, aux conflits. Pourtant, tout ce qu'ils fuient se trouve *en* eux. Il leur est impossible de fuir puisqu'ils emportent tout avec eux.

Cela me rappelle l'histoire de l'homme qui essayait de fuir son ombre. Il courait de plus en plus vite pour se débarrasser d'elle. Mais quand il se retournait il l'apercevait à nouveau. Il n'arrivait décidément pas à s'en défaire. Il courut, courut jusqu'à en mourir. De la même façon, nous ne pouvons nous débarrasser de ce que nous tentons de fuir. Nous l'emportons avec nous, cela fait partie de nous. S'épuiser dans la fuite est inutile. Ce n'est pas ainsi que nous pourrons nous en défaire. La seule chose possible : rester où nous sommes et nous réconcilier avec ce que nous portons en nous.

Le premier pas dans la réconciliation consiste à accepter de garder en nous ce que nous voulions fuir par-dessus tout. Nous cessons de le soupeser et nous l'admettons tel quel.

Le pas suivant consiste à considérer avec amour ce que nous refusions tellement en nous. C'est une partie de nous-mêmes qui veut, elle aussi, être aimée.

Le réflexe de peur n'est pas le seul à nous animer, le désir lui aussi agit sur nous : désir d'une patrie, de la sécurité et d'un amour absolu. Nous ne pouvons pas supprimer ce désir. Il est la trace, gravée dans notre cœur par Dieu, afin que nous nous souvenions de lui. En nous, le désir est comme une force qui nous conduit au-delà de ce monde. L'objet de notre désir est toujours déjà en nous. Nous aspirons au succès, à l'amour, à la reconnaissance, à la paix, à une patrie. Toutes choses qui sont déjà en nous. L'amour : il nous suffit de l'éprouver. La patrie : lorsque le mystère de la vie m'habite, je peux être chez moi en moi-même. Le succès : si j'accepte d'être ce que je suis, je ressens en moi la vie et la grandeur. Qu'est-ce que la réussite ? Je réussis quelque chose et cela me rend heureux. Ce bonheur est donc déjà en moi, je n'ai pas à le conquérir, il m'est inutile de chercher à l'atteindre par des succès remportés sur le monde extérieur. Il me suffit de trouver l'accord avec moi-même, de me réjouir de ce qui émane de moi, pour ressentir cette harmonie bénéfique comme énergie qui se suffit à elle-même tout en se diffusant aussi vers l'extérieur. La reconnaissance se trouve également en moi. Je n'ai pas à la rechercher hors de moi, par l'intermédiaire des autres.

Les mots d'Anthony De Mello, cités plus haut, nous invitent à prendre conscience de nos désirs, à nous rappeler à chaque instant que tout ce à quoi nous aspirons se trouve déjà en nous pour peu que nous sachions nous mettre à l'écoute de nous-mêmes. C'est là la vérité la plus intime : Dieu est en nous et, ainsi, tout ce vers quoi nous tendons est au fond de notre cœur. Il faut donc accepter cette vérité plutôt que la fuir. Aussi paradoxal que cela puisse paraître, il est nécessaire de s'arrêter, de se poser, pour progresser dans la quête spirituelle comme pour grandir en humanité.

Reste en place

Saint Benoît voyait dans la *stabilitas*, la constance – le fait de « rester », de « s'arrêter », de « persister » – le moyen de guérir les maux de son époque : déplacements de population, insécurité, errance. La *stabilitas* signifiait, pour Benoît, rester au sein de la communauté dans laquelle on est entré et, en même temps, que l'arbre doit s'enraciner pour pouvoir grandir. Déplacer l'arbre en permanence entrave son développement.

Le mot *stabilitas* signifie, en premier lieu, rester en place, supporter de se tenir dans sa *kellion*, dans les limites de sa cellule de moine, devant Dieu. C'est ce qu'affirmait *abba* Sérapion :

> Mon enfant, si tu veux faire du progrès, demeure dans ta cellule et sois attentif à toi-même et à ton travail manuel ; en effet, sortir ne t'apporte pas une aussi grande utilité que de demeurer assis[1].

Voici encore une histoire tirée des Pères du désert qui garde toute son actualité :

> Un frère vint à Scété chez *abba* Moïse et lui demanda une parole. Le vieillard lui dit : « Va, assieds-toi dans ta *kellion* [cellule] et ta cellule t'enseignera toutes choses. »

En voici une autre qui témoigne d'une sagesse et d'une psychologie pertinentes :

> Quelqu'un dit à *abba* Arsène : « Mes pensées me tracassent et me suggèrent : tu ne

peux ni jeûner ni travailler, visite au moins les malades, car cela aussi est charité. » Mais le vieillard, voyant les suggestions des démons, lui dit : « Va, mange, bois, ne travaille pas ; seulement ne quitte pas ta cellule. » Car il savait que l'endurance dans la cellule maintient le moine dans son état.

Qu'est-ce que nous disent ces textes anciens ?

Le moine peut tout faire, il ne lui est pas nécessaire de vivre dans l'ascèse ou même de prier, s'il reste dans sa *kellion*, dans sa cellule. En lui, quelque chose se transformera et il retrouvera la paix intérieure. Confronté à son propre chaos intérieur, il renonce à le fuir.

Un espace intérieur

*G*ÉMIR est aujourd'hui monnaie courante. L'un se plaint d'être débordé de travail, un autre de ne pouvoir répondre aux attentes de ses proches, un autre encore se sent seul, abandonné face à tout ce qu'il a à faire.

La vie quotidienne donne, certes, l'occasion de beaucoup se plaindre. Pourtant, nous ne sommes pas réduits à accomplir notre devoir, gérer les crises et résoudre les conflits. En nous existe un espace inaccessible aux problèmes de la vie quotidienne et dans lequel nous pouvons respirer, parce que Dieu lui-même nous y délivre du pouvoir des hommes, du pouvoir de notre Surmoi et des accusations que nous portons contre nous-mêmes. Dans cet espace, chacun de nous peut ressentir : J'ai commis une erreur mais je n'ai pas pour autant à m'identifier à elle, à me sentir coupable. Dans cet espace, tout ce qui me donne du fil à retordre est relativisé. Tout cela n'a plus d'emprise sur moi. Cet espace est exempt de colère, de peur, de déception, de reproches. Je peux dire oui à tout ce qui se trouve en moi. Là, je n'ai plus besoin de lutter contre mes faiblesses, de m'évertuer à en venir à bout. Là, je sais que rien n'a de pouvoir sur moi. C'est parce que, dans cet espace, je suis déjà sauvé que je peux me regarder avec bonté et douceur.

Connais-toi toi-même

« À QUOI BON aller sur la lune si nous sommes incapables de franchir l'abîme qui nous sépare de nous-mêmes ? Voilà le plus important de tous les voyages d'exploration et, sans lui, tous les autres sont non seulement vains mais cause de désastre. » Cet avertissement, c'est Thomas Merton, moine trappiste et écrivain spirituel, qui l'a formulé juste après le premier voyage humain sur la lune. Ce voyage lunaire fascina le monde et le fit rêver ; en effet, cette utopie technologique donnait des ailes à l'imagination et poussait à l'optimisme, laissant espérer que toutes les limites pouvaient être repoussées.

C'était il y a plusieurs décennies, déjà, mais ces mots sont toujours aussi vrais. Il y a peu, une femme me parlait de son ex-compagnon, chef d'entreprise à qui tout réussissait, qui l'avait abandonnée lorsqu'elle fut enceinte de lui. Admiré de beaucoup, cet homme n'a pourtant pas conscience de maltraiter les femmes dès qu'elles risquent d'égratigner son image. Il est évident qu'il est éloigné de lui-même : ambitieux dans ses projets professionnels, où il met en œuvre le monde entier, il ne sait pourtant pas trouver le chemin qui le conduirait à lui-même. Il ne veut pas reconnaître sa part de fragilité qu'il s'efforce de masquer par son activisme. Tant qu'il n'aura pas surmonté l'abîme qui le sépare de lui-même, il ne pourra être une bénédiction pour les autres. Il continuera à blesser les gens autour de lui. Il lui faut abaisser les autres pour croire à sa propre grandeur. Il rassemble autour de lui des « nains admiratifs », comme l'a formulé le thérapeute munichois Albert Görres. Et il refuse tout ce qui pourrait l'aider à se connaître lui-même. Ainsi, tout ce qu'il entreprend, même si c'est à première vue avec succès, continuera à détruire des êtres humains et, au bout du compte, n'apportera aucune bénédiction en ce monde.

Ne te surestime pas

ES FONDATEURS des religions, comme les grands maîtres de sagesse de toutes les traditions spirituelles, nous indiquent les mêmes chemins pour atteindre le véritable art de vivre. Leur sagesse provient d'une source commune où puisent tous les hommes, toutes les cultures et toutes les religions. « Trois choses sont destructrices, dans la vie : la colère, l'avidité et la surestimation de soi-même. » C'est ce qu'affirmait Mahomet et cela garde toute son actualité, même plus d'un millier d'années après. On en trouve le pendant dans la psychologie élaborée par les Pères du monachisme qui vécurent bien avant Mahomet.

Les trois éléments avancés par Mahomet comme destructeurs correspondent aux trois domaines d'où proviennent les neuf vices évoqués, au IVe siècle de notre ère, par Évagre le Pontique, l'un des écrivains les plus importants parmi les moines chrétiens. En accord avec la philosophie grecque, Évagre distingue trois niveaux : celui du désir, celui de l'émotion et celui de l'esprit. Dans chacun des niveaux, trois passions, sans valeur négative ou positive *a priori*, peuvent se transformer en vices si l'être humain ne les apprivoise pas.

Le niveau du désir chez Évagre correspond à l'avidité chez Mahomet. L'avidité peut concerner la nourriture (la gloutonnerie), la sexualité (la concupiscence) et la possession (la cupidité). Celui qui reste dans le désir ne peut jouir ni de la nourriture, ni de la sexualité, ni de la possession. Il doit en permanence « engloutir » pour combler son vide intérieur. De nouvelles relations sexuelles lui sont sans cesse nécessaires afin qu'il sente un peu de vie surgir de son état de paralysie intérieure. Il est possédé par le désir de possession. Il ne peut s'arrêter, poussé qu'il est à posséder toujours plus, au lieu de profiter et de se réjouir de ce qu'il a.

En ce qui concerne l'émotion, Évagre distingue la tristesse, la colère et l'*akedia* (morosité, indolence, inertie). Ces trois états émotionnels négatifs ont à voir avec la colère non maîtrisée. L'agressivité peut, certes, être une énergie positive ; cependant, si je la rumine inlassablement, elle se transforme soit en dépression (tristesse, apitoiement sur soi-même), soit en amertume et ressentiment. Elle peut aussi m'empêcher de trouver la paix *(akedia)*. Alors, elle m'entraîne de-ci de-là parce que je ne sais comment utiliser à bon escient cette énergie portée par l'agressivité.

Au niveau spirituel, les trois mauvais penchants évoqués par Évagre sont : la vaine gloire, l'envie et la démesure *(hybris)*.

Mahomet rassemble ces trois vices sous la notion de surestimation de soi. Celui qui se surestime passe à côté de lui-même. Il se détruit. Il refuse de se voir tel qu'il est. La surestimation de soi finira par le faire tomber de son piédestal et l'anéantira.

Un trésor gît au fond de toi

*U*N CONTE, celui des trois langues, donne une belle image de la manière dont nous nous comportons avec nos passions et nos émotions.

Dans cette histoire, un comte envoie

son fils dans une ville étrangère pour suivre l'enseignement d'un maître. Au bout d'une année, celui-ci revient. Il a appris la langue des chiens. Furieux, le comte l'envoie chez un nouveau maître. Mais là non plus le fils ne répond pas aux attentes de son père et revient ayant appris la langue des grenouilles. Une troisième année d'enseignement le conduit à parler la langue des oiseaux. Furieux, le comte exige qu'on exécute son fils.

Sauvé par la pitié des serviteurs, le fils arrive à s'enfuir. Sur sa route, il demande à dormir dans un château. Le seigneur ne peut lui proposer que la tour dans laquelle sont enfermés des chiens agressifs qui ne cessent d'aboyer. Il ne montre aucune peur et s'entretient aimablement avec eux. Ces derniers lui expliquent que s'ils se montrent méchants c'est parce qu'ils ont la garde d'un trésor. Ils aident le jeune homme à déterrer ce trésor puis disparaissent. Une fois reparti du château, le jeune homme passe devant un étang au bord duquel des grenouilles parlent de lui. À Rome, le pape vient de mourir. Les cardinaux s'accordent pour demander à Dieu de les aider par un signe à choisir un nouveau pape. Le jeune homme entre dans l'église vaticane : à ce moment-là deux colombes se posent sur ses épaules. C'est, pour les cardinaux, le signe envoyé par Dieu. Le jeune homme est choisi pour être pape.

Le pape est ici l'image de celui qui est capable d'accompagner les hommes vers la vie. Ce qui veut dire : nous devons, en premier lieu, comprendre la langue des « chiens » qui aboient en nous, puis celle des « grenouilles » pour arriver à parler le langage de l'esprit. Là où des chiens aboient en nous se trouve aussi le trésor. Il nous faut donc comprendre la langue de ces forces élémentaires en nous-mêmes pour découvrir le trésor qu'elles recèlent. Ne plus refouler l'agressivité et les problèmes peut être libérateur. C'est noyé dans les difficultés que l'on a le plus de chances de connaître la place que l'on occupe dans le dessein de Dieu.

Va à la rencontre de toi-même

$\mathcal{V}$A À LA RENCONTRE de toi-même – c'est là une des recommandations les plus importantes pour tous ceux qui avancent sur le chemin spirituel. Pour les premiers moines, la connaissance de soi constituait la condition essentielle de la rencontre avec Dieu. « Si tu veux connaî-tre Dieu, apprends à te connaître toi-même. » Celui qui ne se connaît pas pro-jettera sur Dieu ses désirs inconscients et ses aspirations refoulées. Il adorera ainsi ses propres représentations sans atteindre le Dieu véritable qui est toujours le tout-autre. La connaissance de soi nous délivre de nos illusions et nous permet, ainsi, un regard clair et sans préjugés sur ce tout-autre. Dieu passe alors de l'état de représentation de l'âme à celui de réalité qui nous fait face.

Penser que la vie spirituelle consiste à bien maîtriser les passions de l'âme, à se défaire de l'emprise des émotions et à parvenir à un état de liberté intérieure est une idée qui ne date pas d'aujourd'hui. Il faut accepter ses émotions, dialoguer sans cesse avec ses passions afin qu'elles fécondent notre vie intérieure par l'énergie qui les anime. Ce n'est qu'à la condition de laisser advenir ses propres sentiments, de les accepter, que la vie spirituelle peut s'épanouir. D'ailleurs, c'est ce que nous démontre notre respiration. En effet, elle possède une structure intégrative, reliant dans son flux la tête, le cœur et le ventre, soit l'intelligence, les sentiments et la vitalité. Dans sa dynamique, elle montre le chemin à l'homme : accepter, relâcher, se réunifier et se renouveler – c'est ce que nous apprenons sans cesse dans le flux de la respiration.

Organise ta vie

HACUN peut se poser ce genre de questions : « À quelle source est-ce que je m'abreuve ? », « Quelles sont mes racines ? », « Qu'est-ce qui caractérise ma façon de penser et de sentir ? » La portée de ce questionnement est positive car elle conduit chacun à prendre acte avec reconnaissance de ce qu'il doit aux êtres qui l'ont précédé et à ce qu'ils ont apporté de nouveau. Toi aussi, tu peux créer du neuf. Dieu est l'éternel renouveau. À toi aussi, il a accordé un chemin nouveau. Par ton intermédiaire, il veut transmettre au monde de nouvelles paroles, de nouvelles idées, de nouvelles solutions. Fais en sorte que ta vie s'organise dans le sens de ce que Dieu attend de toi.

Sois capable de vivre ta propre vie afin qu'elle devienne source d'inspiration pour les autres. Aie le courage d'assumer la singularité de ta vie. Tu n'as pas à être prisonnier de schémas imposés. Un ange t'en délivrera pour que tu puisses vivre ta propre vie. Tu n'es pas condamné à reproduire les situations traumatiques de ton enfance. La roue de la répétition est brisée. Tu es libre. Désormais, vis de la sagesse que tu as en partage grâce à Dieu.

Assume ce que tu es

*N*OUS POSSÉDONS tous une part d'ombre. Quel « dragon » rencontres-tu sur ton chemin ? Quelle force négative menace de t'engloutir ? As-tu de la difficulté à te défendre contre des tendances dépressives ou bien te laisses-tu déstabiliser quand des êtres humains touchent ton point faible ? En toi aussi réside la force. Tu as de quoi te défendre toi-même. Te défendre ne veut pas dire mener un combat contre celui qui te menace mais être ferme, te maintenir debout, t'assumer. Tu as besoin d'agressivité, pour te défendre, afin que les attaques de l'autre ne te laissent pas de blessures. Si tu as conscience de ta force intérieure, nul n'aura pouvoir sur toi. Elle te permet d'évacuer toutes les pensées, tous les sentiments qui contribuent à t'affaiblir.

Nous avons tous besoin d'une assise stable. Pour éprouver ta propre stabilité, essaie l'exercice suivant : tiens-toi bien vertical, les pieds légèrement écartés et dis-toi : « Je suis capable de tenir debout, je peux répondre de moi, je m'assume. » Mesure si ces phrases sont bien en accord avec ta posture. Ensuite, resserre les

épaules en les tirant vers le haut et prononce à nouveau les même phrases. Puis
relâche les épaules et écarte les jambes, à
la manière des cow-boys dans les wes-
terns, et médite ces mêmes phrases.
Alors, tu te rendras compte que ces deux
dernières postures contredisent les mots
que tu prononces. Celui qui a un point
de vue étriqué, qui se crispe sur des positions trop étroites ne peut jamais avoir
un point d'appui ferme. Celui qui cherche à montrer sa force, comme le cow-
boy, ne se rend pas compte à quel point
on peut le renverser facilement. Celui qui
repose en lui-même, voire en Dieu, se
tient de manière ferme sans se contracter.
Il est lucide par rapport à lui-même, il est
ce qu'il est et il l'assume, nul ne peut en
douter.

Tolérer les pensées

*L*ES MULTIPLES CAUSES psychiques qui
contribuent à l'intranquillité de
l'être humain montrent que l'on ne peut
agir véritablement sur celle-ci de l'extérieur. Seul celui qui considère son intranquillité avec sérénité, qui se préoccupe
des causes et recherche des moyens d'atteindre l'harmonie avec soi, trouvera la
paix à laquelle il aspire.

Le secret du bonheur

Lorsque j'accepte mon intranquillité et que j'essaie de l'analyser, j'ai toutes les chances de pouvoir découvrir les causes de l'agitation. Je peux alors comprendre qu'elle a un sens. Celui de me libérer de l'illusion que je peux m'améliorer à force de discipline. L'intranquillité témoigne de mon impuissance. Si je l'accepte, mon âme en est purifiée. Au cœur même de mon inquiétude, je ressens une paix profonde. Il faut donc permettre à l'intranquillité d'exister.

Nous ne sommes pas responsables des pensées qui surgissent en nous. Notre seule responsabilité tient à ce que nous en faisons. Que des pensées nous oppressent ne veut donc pas dire que nous sommes mauvais. En effet, ce n'est pas nous qui sommes à l'origine de ces pensées, elles proviennent de l'extérieur. Seule cette distinction entre nous, en tant que personnes, et les pensées qui affluent en nous permet de faire un usage bénéfique des pensées. Nous éviterons alors de nous rendre responsables des sentiments de haine ou de jalousie que nous ressentirons. Nous chercherons plutôt le moyen de faire en sorte qu'ils ne nous dominent pas.

Quand la déception
devient chance

L A DÉCEPTION fait partie de notre vie : nous pouvons être déçus par notre famille, par notre vie professionnelle, par nous-mêmes. Nous nous étions fait des illusions sur les autres ou sur nous et nous nous sommes trompés. Le reconnaître ne va pas sans souffrance. C'est pourquoi beaucoup d'entre nous évitent de le faire. Nous préférons la fuite et nous n'arrivons pas à trouver la paix. Lorsque nous considérons nos aspirations, nous pouvons accepter, par exemple, que notre vie professionnelle ne réponde pas à nos attentes. Nous sommes alors en harmonie avec nous-mêmes, faiblesses et défauts compris. Nous reconnaissons que nous ne pouvons pas tout trouver en nous-mêmes.

J'ai eu l'occasion, il y a une trentaine d'années, de faire une session de *sensitivity training*[2]. Alors, j'ai pris conscience de toutes les attentes non satisfaites que je portais, venues de mon enfance. Cela a déclenché en moi une crise. J'avais le sentiment d'avoir été lésé. Pourtant, lors de vacances passées au bord d'un lac, assis à regarder les mouvements de l'eau je fus inondé d'un profond sentiment de paix. Tout à coup, j'ai pu accepter toutes mes aspirations non satisfaites et j'ai pu me dire : « Il est heureux que tu n'aies pas été comblé, ce manque t'aide à rester en éveil et à t'ouvrir à Dieu. Sans cela, tu aurais peut-être mené une vie bourgeoise et tu t'en serais contenté. Mais tu n'aurais jamais pu découvrir ta véritable vocation. » Je considère que ma mission est de garder vivante, dans mon cœur, cette aspiration, afin de rester ouvert à Dieu et, ainsi, d'ouvrir également mon cœur aux hommes. Un cœur ouvert est capable d'accueillir les êtres humains. Il ne condamne pas, il a éprouvé puis accepté la déception et la désillusion, mais il ne s'est pas refermé, prenant au contraire la déception comme un tremplin pour accéder à l'immensité de Dieu. C'est justement parce qu'il a affronté en toute lucidité sa situation que l'aspiration à Dieu a pu croître en lui et qu'ainsi il a pu s'ouvrir.

Découvre ton véritable visage

*V*oici un principe essentiel qui devrait nous guider dans la vie : Ne te laisse pas déterminer par les autres, ne les laisse pas te dicter le chemin à suivre. Suis ton propre chemin et deviens ce que tu es. Découvre l'empreinte authentique que Dieu a laissée en toi. Aie le courage de vivre ce qui est au plus profond de toi. Qui étais-tu avant que tes parents ne t'aient donné une éducation ? Qui étais-tu en Dieu, avant ta naissance ?

Souviens-toi de ton noyau divin. Si tu sais entrer en contact avec lui, tu pourras suivre, en toute liberté, ton propre chemin.

Nous ne montrons pas toujours notre véritable visage ; d'ailleurs, le plus souvent, nous ne le connaissons même pas. Il est donc de notre devoir de le découvrir. Libère-toi des images morbides qui se sont accumulées au long de ta vie. Défais-toi des images erronées que tu as de toi-même et de Dieu. Lorsque tu reconnais, par l'intermédiaire du visage de Jésus, ton propre visage, une capacité de guérison émane de toi. Apprends à découvrir le visage de Jésus derrière chaque visage humain. Car celui qui en est capable peut aider les autres à se libérer des images qu'on leur fait porter, pour retrouver leur être véritable. Amène les autres à prendre conscience de leur image authentique et conduis-les jusqu'à leur être véritable.

Du sens de la peur

*L*A PEUR a un sens ; avoir peur est un signal, un avertissement. Sans la peur, je ne connaîtrais pas la mesure, je n'aurais pas conscience de mes limites. Pourtant, elle conduit souvent à la paralysie. Si j'accepte de « parler » avec ma peur, elle pourra me montrer ce qu'il y a d'erroné dans ma façon de prendre la vie. La peur est souvent liée au perfectionnisme : j'ai peur de me ridiculiser devant les autres, de me tromper ; j'appréhende de parler en public par crainte de bredouiller ou de n'être pas à la hauteur. La peur est le signe, en l'occurrence, d'attentes démesurées.

Le perfectionnisme cache le sentiment, profondément ancré, de notre inanité. Nous voudrions montrer ce que nous valons en travaillant toujours plus, mais aucun compliment n'arrive jamais à nous combler. Nous nous efforçons alors de nous montrer encore plus à la hauteur et, pourtant, nous restons insatisfaits, tant notre besoin de reconnaissance est illimité. Cette quête sans fin ne peut pas conduire à la paix intérieure.

La peur trouve aussi à s'enraciner dans l'amour-propre. Par conséquent, en « dialoguant » avec ma peur, je pourrai atteindre plus d'humilité. Je pourrai me réconcilier avec mes limites, mes faiblesses et mes défauts : « Je peux me permettre d'être, parfois, ridicule ; il m'est permis de ne pas tout savoir et d'échouer. »

Mais toutes les angoisses ne sont pas liées à cette façon erronée de prendre la vie. Elles sont aussi inhérentes à l'être humain. C'est le cas de la peur de la solitude, de la perte, de la mort. La peur de la mort nous habite tous. Chez certains, elle peut se faire envahissante. Il est donc nécessaire de « parler » avec elle : « Je sais bien que je mourrai. » La peur peut nous aider à accepter la mort, à nous réconcilier avec notre condition de mortel. Si j'écoute ma peur, si je l'éprouve jusqu'au bout, alors je ressentirai, au cœur même de cette peur, une paix profonde. La peur se transformera en sérénité, en paix et en liberté.

Derrière la façade

*D*ANS UN ENTRETIEN, réalisé lors de son quatre-vingt-dixième anniversaire, le philosophe athée Ernst Bloch a dit : « Au cours de ma vie, j'ai pu constater que la nostalgie était le seul sentiment humain absolument sincère. » L'homme peut mentir de multiples façons, le faux et l'inauthentique trouvent à s'insinuer de partout. L'amour peut être feint, la politesse inculquée, le secours intéressé, mais la nostalgie, elle, ne peut être simulée. L'homme *est* sa nostalgie. Il m'est souvent arrivé de rencontrer des personnes qui éprouvaient le besoin de recouvrir des plus belles couleurs tout ce qu'elles faisaient. Parlant de leurs vacances, elles n'y voyaient que des moments merveilleux ; d'une conférence qu'elles venaient de suivre, elles trouvaient là l'expérience la plus exaltante de leur vie. Je soupçonne que cette manière de voir tout en rose ne fait que cacher des déceptions. En fin de compte, ces personnes mènent une vie tout à fait ordinaire. Si, au cours de leurs vacances, elles avaient eu des conflits avec leur partenaire, vis-à-vis de l'extérieur elles se croyaient obligées de se montrer enthousiastes. Ces personnes, comme beaucoup, pensent qu'elles doivent se prouver que tout ce qu'elles font est bien. Mais ce n'est qu'une façade.

La nostalgie me fait percevoir ma vie sans faux-semblant. Il ne m'est plus nécessaire d'exagérer, de prouver aux autres à quel point je vis des choses profondes et de leur montrer combien je progresse sur le chemin spirituel. Je m'accepte tel que je suis, ordinaire mais en recherche, avec mes succès et mes échecs, tantôt sensible tantôt indifférent, à la fois superficiel et profond. Je peux regarder ma vie telle qu'elle est car ma nostalgie, mon aspiration, va au-delà de cette vie. Cette aspiration est là, tout simplement, et là je suis vrai. Car la nostalgie est aussi le lieu de la vie véritable. Ce n'est qu'en m'ouvrant à la nostalgie qui m'habite que je suis sur le chemin de la vie, que je me découvre vraiment vivant. Et sur le chemin de cette vie déployée, je rencontre Dieu. La spiritualité – et l'art de vivre plus profondément – consiste à suivre, en moi, le chemin de la vie, à faire confiance à mon aspiration et à la laisser me conduire vers l'ouverture, la liberté, l'amour, la Vie.

Mets-toi à l'écoute de tes rêves

*D*ANS LES RÊVES, c'est la voix de Dieu qui nous parle. Il nous y dévoile notre propre vérité et y fait ressortir des facettes de notre personnalité que nous avons refoulées. Il nous indique le chemin, exigeant que nous suivions ses recommandations. Il nous montre comment nous décider et nous aide à orienter notre vie. Dans la clarté de l'in-

dication, il y a quelque chose de libérateur et d'indiscutable. Les rêves ne sont
pas à prendre à la légère, ils nous concernent au plus haut point. Ils influencent
notre comportement, ils se réalisent dans
l'histoire en déterminant des décisions et
des évolutions importantes. Ils agissent
sur les événements. Certains rêves nous
confrontent à notre vérité profonde. Ils
peuvent aussi avoir une dimension reli-
gieuse, sacrée, et transmettre la parole et
la lumière divines. Par les rêves, je
comprends qu'une vie convenable n'est
pas suffisante ; il me faut encore permettre à mon âme de s'épanouir et s'enrichir,
et à Dieu de me guider sur le chemin qui
m'est destiné. Les rêves nous indiquent à
quel moment nous devons prendre le
large et à quel moment il convient de
rentrer chez nous.

Parfois, les rêves révèlent un monde
très différent, un monde plein de vie et
d'éclat. Ce sont justement les personnes
les plus soumises aux contraintes de l'extérieur qui font de tels rêves d'ouverture.
Elles s'y sentent libres et débordantes
d'imagination. Le rêve met alors en évidence ce trésor intérieur que personne ne
peut nous dérober.

Tourne ton regard
vers l'intérieur

« ELUI qui regarde vers l'extérieur rêve. Celui qui tourne son regard vers l'intérieur s'éveille. » Carl Gustav Jung, l'auteur de cette affirmation en apparence paradoxale, s'est intéressé, comme peu avant lui, au sens des rêves et au chemin qui conduit à soi.

L'histoire du christianisme est parsemée de nombreux mouvements d'éveil. Ainsi, Paul s'adresse aux Romains et les prévient que « c'est l'heure désormais [de s']arracher au sommeil » (Romains 13, 11 [3]). Pour lui, vivre en chrétien suppose cet arrachement au sommeil et veut dire se tourner, les yeux grands ouverts, en direction du salut que Dieu nous offre en Christ.

C. G. Jung a développé une conception particulière de l'éveil. Celui qui se tourne vers le monde extérieur se leurre quant à la réalité. Il ne voit pas l'essentiel. S'éveiller veut dire regarder vers l'intérieur, du côté de l'âme. Tourner son regard vers l'intérieur, c'est prêter attention à ses rêves, aux images qu'ils véhiculent et qui dévoilent des choses essentielles quant à l'âme. C'est ressentir le moindre mouvement de son cœur, se mettre à son écoute.

Nous nous imaginons souvent que les êtres introvertis sont des rêveurs déconnectés de la réalité. Le type de personne qu'évoque Jung dans cette citation n'est pas l'homme introverti, replié sur lui-même, mais un être investissant complètement la réalité extérieure et qui ose, pourtant, tourner son regard vers l'intérieur. Jung a fait lui-même l'expérience de ce changement de perspective. Alors qu'il rencontrait le succès en tant que psychiatre, il traversa une crise profonde. Elle l'obligea à ne pas fuir la confrontation avec les abîmes de son âme. Cette période, durant laquelle toute son attention était concentrée sur ce face-à-face, le conduisit à formuler des réflexions essentielles qui firent de lui un des psychiatres les plus influents du siècle dernier.

Intègre ton ombre : ta vie en sera plus riche

CHACUN de nous doit apprendre à connaître et à accepter sa part d'ombre. Pour la connaître, et mieux se connaître soi-même, il faut regarder en face ce qu'il peut y avoir d'excessif dans nos réactions. C'est au moment où nous réagissons de façon inappropriée que le refoulé s'exprime. Observe envers qui ou contre quoi tu te montres agressif. « Ce qui ne se trouve pas en nous ne nous contrarie pas », disait Hermann Hesse. Intégrer son ombre ne veut pas dire laisser libre cours à tous les désirs enfouis. L'ombre doit d'abord être acceptée. Ce n'est que lorsque nous lui accorderons notre amour que notre ombre deviendra notre servante. Elle nous libérera de notre unilatéralité. Notre agressivité refoulée nous aidera à mieux nous repérer. Nos désirs refoulés nous apprendront à mieux nous considérer. Beaucoup craignent de tomber sous la domination de leur ombre s'ils l'intègrent. En vérité, l'ombre que nous intégrons ne peut que nous être bénéfique et enrichir notre vie.

Sois bon envers toi-même

ÊTRE BON envers soi-même, cela signifie être charitable envers soi, mais aussi être au plus près de soi. Cela veut dire recréer un lien avec l'enfant blessé que l'on porte en soi et éprouver de la compassion pour lui. Cela signifie encore porter un regard compatissant sur ses propres blessures, considérer ses faiblesses avec amour et en l'absence de toute colère. Seule la tendresse du regard porté sur soi peut les transformer. Être bon envers soi-même équivaut donc à ouvrir son propre cœur à la souffrance et à la solitude qui s'expriment en nous. Apprendre à considérer ses faiblesses avec amour et miséricorde est un art qui conduit à les transformer en bénédiction et à en faire la source d'un bonheur plus authentique.

Être bon envers soi ne veut pas dire se trouver toutes les excuses et refuser de reconnaître ses erreurs. Mais ce n'est pas l'inverse non plus : cela ne signifie pas s'accuser en permanence, se culpabiliser sans limite, ne voir que ses mauvais côtés.

Admets de ne pas être un héros, accepte d'être faillible. Ne te laisse pas paralyser par tes défauts et tes faiblesses, mais ne les refoule pas non plus. Travaille à les transformer, sans acharnement et avec un certain détachement. Si Dieu te pardonne, tu peux aussi te pardonner. Sois bon envers toi-même.

Un chemin de douceur

*I*L NE M'EST pas possible de prier sans me confronter à ma propre réalité. La prière me fait toucher ma part d'ombre, mes colères rentrées, mes déceptions et mes blessures, mon angoisse, mes insatisfactions, ma tristesse, ma solitude. Prier signifie présenter à Dieu mon être véritable. Ce n'est qu'en me présentant tel que je suis que je peux éprouver, au cœur de la prière, la paix et la sérénité. Ce que je cache aux yeux de Dieu me fera défaut pour vivre pleinement. Je ne peux recevoir Dieu tout à fait si je ne lui présente que ma piété. Lorsque quelqu'un me dit qu'il n'arrive pas à ressentir la présence divine, je lui demande d'abord s'il se sent présent à lui-même. Pour atteindre Dieu, il est nécessaire de se présenter à lui intégralement, c'est-à-dire aussi avec ses côtés sombres. Alors le courant peut passer.

En présentant à Dieu tout ce qui me constitue, je peux faire l'expérience d'un amour inconditionnel. Je me sens enveloppé d'une présence aimante. Dieu ne me condamne pas ; il me délivre, au contraire, de cette instance fortement critique, de ce Surmoi qui me juge. Prier signifie renoncer à tout jugement et s'abandonner, tel un enfant, dans la confiance. Je me sais accepté et cela m'aide à m'accepter à mon tour et à m'aimer. Si je me sais aimé sans condition, je suis déjà, en dépit de mes blessures, sauvé et réconcilié. L'amour de Dieu retisse la trame déchirée, réconcilie les contraires. Si j'applique à mes blessures le baume de l'amour divin, au lieu de retourner le couteau dans la plaie, elles trouveront la voie de la guérison. On a trop tendance, aujourd'hui, à mettre ses blessures à nu, à les analyser, à les maltraiter. La prière est un chemin de douceur. Je peux regarder mes blessures sans chercher à les rouvrir. J'ai foi en l'amour qui guérit.

Chaque jour
vaut la peine d'être vécu

Donne-toi le temps,
laisse respirer ton âme

Chaque chose en son temps

« 𝒱ous avez les horloges, nous avons le temps » : voilà la réplique qu'un vieil Indien aurait faite à un homme d'affaires blanc. Ces mots recèlent une réflexion profonde sur les potentialités et les exigences de la vie. La compréhension spirituelle du temps s'oppose d'une façon évidente à sa compréhension utilitariste.

Les Grecs distinguaient *chronos* et *kaïros*. Le premier correspond à un temps mesurable et c'est pourquoi nous employons le terme « chronomètre ». En Occident, nous sommes soumis au temps mesurable. Nous utilisons en permanence notre montre pour fixer des rendez-vous et pour vérifier si nos interlocuteurs sont ponctuels ou non. Nous recherchons la maîtrise totale en tentant de tout faire entrer dans un laps de temps défini. Le temps mesurable nous contraint à enserrer notre vie dans un corset étouffant. Le dieu Chronos est un tyran.

Les Indiens rendent, eux, hommage au

dieu Kaïros. *Kaïros* est l'instant favorable, bienvenu. Alors que *chronos* donne une notion quantitative du temps, *kaïros* correspond à une qualité particulière du temps. Il évoque le moment à saisir, celui auquel je consens et que j'habite entièrement. Pour les Indiens, le temps correspond sans doute au moment juste. Ils se donnent le temps, ils en jouissent, ils l'éprouvent. Celui qui se soumet au diktat de Chronos n'éprouve pas le temps comme quelque chose de bienvenu et de bénéfique, mais comme la marque du tyran. Les Indiens ont une véritable perception du temps. Si j'habite complètement l'instant, j'ai une perception authentique du temps. Il arrive, parfois, que le temps s'arrête. Je sais alors que le moment est venu, pour moi, d'entreprendre, de changer, de laisser advenir ou de prendre une décision. Qohélet (L'Ecclésiaste), dans l'Ancien Testament, a su rapprocher la sagesse grecque de la sagesse hébraïque (3, 1-4) :

Il y a un moment pour tout et un temps pour toute chose sous le ciel.
Un temps pour enfanter,
et un temps pour mourir ;
un temps pour planter,
et un temps pour arracher le plant.
Un temps pour tuer,
et un temps pour guérir ;
un temps pour détruire,

et un temps pour bâtir.
Un temps pour pleurer,
et un temps pour rire ;
un temps pour gémir,
et un temps pour danser.

Sens pleinement le temps
qui passe

« TOUT LE MONDE cherche à tuer le temps mais personne ne veut mourir » : ce proverbe exprime un paradoxe. Nous tuons le temps, mais c'est pour ne pas regarder la mort en face. Nous passons le temps en zappant d'un programme de télévision à un autre, en l'occupant par des activités insignifiantes. Nous pouvons aussi le contourner en nous adonnant au discours : nous parlons alors de tout et de rien, dans le seul but de voir le temps passer. Nous reculons devant la sensation du temps parce que cette sensation nous ferait prendre conscience de nos limites. Et, avec la limite, c'est la mort qui ferait intrusion en nous. La mort est la limite par excellence. Nous préférons tuer le temps plutôt que regarder la mort dans les yeux. Pourtant, celui qui fait face à la mort perçoit et vit le temps en toute conscience.

La mort ne trompe pas. Nous n'emportons, en mourant, rien de ce que nous possédons, aucun de nos succès ni les êtres que nous aimons. Nous ne pouvons que tendre nos mains vides et nous abandonner à des bras aimants. Confrontés à la mort, nous pouvons vivre sereins, à une distance juste des choses. Notre travail, nos biens, nos proches : tout retrouve sa juste mesure. Vivre avec la mort signifie aussi vivre totalement et en toute conscience dans le présent. Nous pouvons alors ressentir ce qu'est véritablement la vie : un cadeau. Et cela ne dépend aucunement de nos performances.

Seul celui qui a conscience de la mort vit pleinement le temps.

Pour celui qui la refoule, le temps ne peut qu'être mort.

Lever le pied

« CELUI qui s'y fie ne sera pas ébranlé » (Isaïe 28, 16).

Dans tous les domaines de la société, et non seulement dans l'économie, tout s'accélère. Des êtres sages misent, en revanche, sur le « ralentissement ». Cette démarche reconnaît que la précipitation rend l'homme malade. Le prophète Isaïe, il y a deux mille sept cents ans, affirmait déjà que toute hâte et toute précipitation sont causées par le manque de confiance. Celui qui vit dans la confiance laisse les choses advenir ; il a confiance en l'avenir de ce qui est. Comme la plante qui croît selon sa loi interne, l'être humain possède aussi un rythme adapté à sa vie. Lorsque ce rythme s'accélère, l'âme n'arrive pas à suivre. Elle sombre dans le désarroi. Celui qui croit devoir aller toujours plus vite est mû par la peur. Celui qui a peur ne peut rester en place, ne peut contempler, ne peut attendre. Il doit se rendre maître de tout par crainte que les choses ne lui échappent. Il se méfie de tout ce qu'il n'entreprend pas lui-même ; il craint les moindres temps morts que réserve la vie quotidienne, car alors il se verrait confronté à lui-même. Et cela, il ne peut le supporter : il lui faut donc être en permanence actif et ne jamais perdre la maîtrise des choses. Il s'efforce aussi de maîtriser les mouvements de son cœur afin de ne pas laisser prise à son angoisse.

Le temps offert

« *O*N PERD son temps à vouloir en gagner » : cette maxime recèle une profonde vérité.

Le mot d'ordre contemporain serait plutôt : « Le temps c'est de l'argent. » Le travail est minuté, on tente de faire un maximum de choses dans un minimum de temps, avec l'objectif d'être le plus efficace possible. Pourtant, la plupart des gens ne savent pas quoi faire du temps gagné. Ils ne savent pas profiter du temps et multiplient les activités durant leurs loisirs. On ne peut pas ne rien faire, on doit utiliser le temps libre. Souvent, les loisirs sont occupés par de nombreuses activités ou des divertissements. Et ces divertissements ne nous apportent pas la sérénité. Même dans ses loisirs l'être humain ne trouve donc pas la paix. Il ne fait que se distraire. Il fuit sa propre vérité. Ne trouve le repos que celui qui fait face à sa réalité intérieure et l'accepte telle qu'elle est. Celui qui veut vraiment gagner du temps n'a nul besoin de développer de subtiles stratégies, comme c'est souvent le cas aujourd'hui dans l'entreprise, il lui suffit d'être totalement présent à l'instant. Pour lui, le temps perdu n'existe pas. Chaque instant s'inscrit dans la plénitude du temps. Qu'il travaille ou qu'il ne fasse rien, qu'il lise ou qu'il écoute de la musique, qu'il joue avec ses enfants ou qu'il se promène, il est totalement à ce qu'il fait. Il ressent le temps comme un cadeau, le temps lui est offert. Il n'a nul besoin de gagner du temps libre sur son temps de travail : pour lui, tout instant est à vivre pleinement.

Laisser mûrir

« *S*EUL le patient récolte le fruit mûr », dit un proverbe africain. Nous pouvons aisément transposer chez nous ce qu'il met en évidence : la maturation nécessite du temps. Certains végétaux mûrissent très lentement : neuf mois pour le blé, par exemple. L'être humain, lui, s'il lui faut neuf mois pour naître, a besoin d'une vie entière pour mûrir. Il ne devient tout à fait mûr qu'au moment de sa mort.

Le mot « patience », en français, vient du latin *patientia* qui veut dire : action de supporter, d'endurer. Il renvoie aussi à *pati* : subir, endurer, pâtir. On retrouve ces correspondances dans d'autres langues, comme l'allemand [4] ou l'italien. Ces correspondances traduisent le fait que celui qui doit attendre prend sur lui quelque chose de lourd. Quel est ce poids que supporte le « patient » ? Il n'a rien à voir avec la souffrance, la douleur. Il s'agit seulement du temps. Temps durant lequel celui qui patiente ne peut rien faire d'autre qu'attendre. Pour beaucoup d'entre nous, c'est là le fardeau le plus lourd à porter. Ces personnes pensent que chaque instant reste sous leur maîtrise et que tout dépend d'elles-mêmes. Être patient signifie pourtant se tenir là, simplement, et attendre que les choses mûrissent. Seul celui qui « endure », qui accepte de ne rien pouvoir faire, de ne rien voir, d'être livré au processus de la croissance pourra récolter les fruits mûrs. Nous pensons, généralement, que les Africains sont beaucoup plus patients que nous, Européens. Nous croyons qu'ils savent attendre, s'adonner à l'instant alors que chez nous, le moindre souhait doit être exaucé immédiatement. Pourtant, les Africains aussi peuvent être impatients. Il est dans la nature de l'homme de vouloir tout faire par lui-même. L'attente lui rappelle trop son impuissance et lui révèle que le mûrissement obéit à une force qui lui échappe. Ce peut être Dieu ou un processus intérieur.

Qui se hâte se hait

« *P*RENEZ votre temps, pas la vie » :
cette exhortation de la Sécurité
routière, invitant les conducteurs à rouler
à vitesse raisonnable, recèle une profonde vérité. Nous pouvons prendre le
temps, il est à notre disposition. Il nous
suffit de le saisir et de le vivre en pleine
conscience. Alors, nous en jouirons vraiment. En allemand, « se prendre la vie »
veut dire se suicider. Celui qui ne prend
pas son temps se gâche la vie et paie,
souvent, de sa propre vie son manque de
sérénité et son stress. Qui se hâte se hait.
Il ne vit pas *pour* lui mais *contre* lui. Il
confond vie avec précipitation, ce qui le
conduit, souvent, à l'infarctus. Et, tout à
coup, tout ce qu'il cherchait à atteindre
dans sa hâte lui échappe. En revanche,
celui qui prend son temps dispose de
plus de temps pour réaliser ses aspirations. Il atteindra tranquillement son but.
Sa vie est déjà tout entière un voyage
d'agrément, il n'a nul besoin de se reposer après un parcours épuisant. Il puise,
dans chaque instant, ce dont il a besoin
pour vivre. Prendre son temps, c'est se
donner la vie. Celui qui accepte de vivre
à son rythme vibre en harmonie avec sa
propre vie.

L'intranquillité fait partie de notre vie. Et elle nous pousse à ne pas nous adonner trop vite au repos, à poursuivre notre croissance, à continuer à grandir, et à vivre vraiment. Nous avons pourtant besoin de phases de repos, durant lesquelles les choses se décantent. Faute de quoi l'intranquillité devient omniprésente. Des moments de tranquillité, de paix dans notre environnement sont indispensables pour laisser notre intranquillité intérieure s'exprimer, pour écouter nos vibrations les plus ténues, causes de notre anxiété et preuves d'une inadéquation dans notre vie.

Dans le rythme de la vie

« *C*ELUI qui n'honore pas la nuit n'est pas digne de jouir du lendemain » : voilà un proverbe italien qui contient une profonde sagesse. Les premiers moines considéraient la nuit comme sacrée. Elle est l'espace du silence dans lequel Dieu aime à s'adresser à nous. Il nous parle par l'intermédiaire des rêves, nous montre où nous en sommes et nous indique le chemin qui conduit à la vie. Dieu s'adresse à nous lorsque nous nous réveillons. Selon la tradition juive, entrer dans le sommeil, c'est entrer dans la réalité proprement dite. Nous sommes connectés à la vie divine. Le silence nocturne confère aux rêves et au sommeil un espace propice et sacré. C'est pourquoi il nous est bénéfique.

Beaucoup, aujourd'hui, vivent la nuit comme en pleine journée. Ils passent leur temps devant la télévision ou travaillent ; ils s'activent encore plutôt que de dormir. Certains restent en société, craignant de rater quelque chose s'ils vont se coucher. Qui n'a pas de respect pour la nuit ne pourra vivre bien sa journée – c'est ce qu'exprime le proverbe italien. Il sera fatigué dès le matin et ne profitera qu'à moitié du jour. Il ne connaîtra pas la fraîcheur du matin qui revigore, ni le lever du jour qui illumine le cœur. Seul celui qui vit au rythme alterné du jour et de la nuit connaît le secret de la vie.

La nuit et le jour sont des icônes de la vie. Le matin possède ses particularités propres : « l'avenir appartient à ceux qui se lèvent tôt », dit un proverbe. Celui qui vit le matin en pleine conscience ira au travail enthousiaste. Il profitera de la pause de midi pour faire une petite sieste. Il ne se laissera pas troubler, l'après-midi, par le monde extérieur, mais il restera centré sur lui-même. Il profitera de la soirée avec reconnaissance et se reposera du travail de la journée. Il prendra ensuite congé du jour en s'abandonnant aux mains accueillantes de Dieu. Celui qui ne respecte pas le rythme du jour et de la nuit jettera le trouble dans son âme. Il perdra la paix du retrait en soi et ne pourra vibrer en harmonie avec la vie.

L'éternité ici et maintenant

« *L*ES HOMMES passent tout leur temps à se préparer, se préparer et se préparer encore... Ils arrivent, pourtant, non préparés au seuil de la vie nouvelle. » C'est ce que dit Dragpa Gyaltsen, un sage tibétain, à propos des Occidentaux. En effet, nombreux sont ceux qui se préparent sans réellement saisir la vie qui est là. Chaque instant contient la vie. Celui qui est totalement dans l'instant vit déjà pleinement. Mais nous employons souvent les techniques spirituelles et psychologiques dans le but de nous parer pour un temps futur. Nous croyons aussi que, pour faire face aux exigences actuelles, il nous faut avoir complètement surmonté les blessures du passé. Or, certains restent bloqués sur ce travail d'analyse du passé sans arriver jamais à s'ouvrir à la vie. D'autres prennent de multiples résolutions dans l'espoir de pouvoir vivre, un jour, sereins et heureux. Mais ces résolutions restent souvent en l'état, sans trouver à se réaliser. Ils n'arrivent jamais à atteindre la joie qu'ils portent pourtant en eux. Il leur suffirait de libérer la pression, par laquelle ils se contraignent en permanence, pour s'approcher au plus près de la vie.

La vie est présente à chaque instant. Elle est devant moi, il me suffit de pousser la porte. Nul besoin pour cela de longue préparation. Tout pas à venir sera un pas dans la vie pour peu que je le fasse en pleine conscience. Celui qui vit dans l'instant ressent, ici et maintenant, combien le temps et l'éternité coïncident. Pour lui, l'éternité s'immisce dans le temps. Il a, dès à présent, l'idée de ce que sera la vie éternelle, sa « vie nouvelle ». Il intègre la mort dans sa vie. Il n'envisage pas la mort comme une épreuve à venir à laquelle il doit se préparer, mais comme une invitation à vivre maintenant et dans l'instant.

Vis dans le présent

« QUE LE DÉSESPOIR nous submerge, cela tient généralement au fait que nous pensons trop au passé ou au

futur » : le désespoir provient, selon Thérèse de Lisieux, du désintérêt que nous
montrons vis-à-vis du présent. Si nous
nous concentrons sans répit sur les blessures que nous a laissées le passé, le
désespoir – lié à la solitude éprouvée
durant notre enfance, aux exigences, aux
humiliations – nous submerge. Nous ne
devons certes pas refouler le passé, mais
il ne faut pas non plus nous laisser envahir par les blessures anciennes. De la
même manière, penser trop au futur ne
m'est d'aucune aide : Quel avenir m'est
réservé ? Serai-je capable de l'affronter ?
Serai-je en bonne santé ? Mon partenaire
restera-t-il avec moi ? Ces réflexions, cen-
trées sur l'avenir, ne peuvent que
conduire au désespoir. Je doute que
l'avenir soit propice, je crains le pire : je
gâche ainsi ma foi en l'espérance.

La seule façon d'échapper au désespoir est de vivre dans le présent. Lorsque
je dis oui à l'instant présent, je ne me
préoccupe ni du passé ni de l'avenir.
L'instant est éphémère. Si je m'abandonne complètement à l'instant, le désespoir ne trouvera aucune brèche par
laquelle s'immiscer. Tout à fait présent,
je serai un et non partagé, divisé. Celui
qui fait un avec lui-même et avec l'instant est à l'abri du doute et du désespoir.

Éveille-toi à la réalité

« *O*N NE PEUT réaliser ses rêves que lorsqu'on en sort en s'éveillant » : c'est là une réflexion fort avisée. Chacun d'entre nous a rêvé son existence : enfants, nous voulions exercer telle ou telle profession ; adolescents, nous rêvions du grand amour ; aujourd'hui, nous souhaitons la réussite. Les rêves nous révèlent nos propres potentialités. C'est le cas pour les rêves nocturnes, durant lesquels nous entrons en contact avec notre réalité la plus intime et nous découvrons le chemin qu'il nous reste à parcourir pour être en accord avec nous-mêmes. C'est aussi le cas pour les rêves diurnes, qui nous font entrer dans une vie merveilleuse. Nous construisons, parfois, des châteaux en Espagne qui ne débouchent sur rien. Nous tentons d'échapper, par les rêves diurnes, à la tristesse de ce monde. Mais ces rêves ne contribuent pas à nous transformer. Il est nécessaire, en premier lieu, de nous extraire de ces rêves. Une fois admis que nous avons rêvé, il nous faut déterminer à quelle aspiration correspond notre rêve. Nous pouvons réfléchir, une fois dégrisés, à ce que nous pouvons réaliser et à la manière d'y parvenir.

La mystique, comme l'affirme Anthony De Mello, correspond à un éveil à la réalité. Il nous arrive parfois de dormir, de rêver et de nous laisser bercer par ces rêves, au point que nous n'avons plus envie de nous réveiller. Pourtant, seul celui qui est éveillé peut organiser sa journée. Celui qui ne l'est pas vit en permanence dans un rêve, dans son propre monde, fermé à la réalité, sans pouvoir agir sur elle. Songe, mensonge. Les songes nous révèlent une part essentielle de notre âme, mais nous ne pouvons les réaliser que si nous nous éveillons, si nous affrontons la réalité telle qu'elle est.

Laisse-toi imprégner par tout ce qui est

*L*A VIE QUOTIDIENNE n'est pas toujours passionnante. Pourtant, il faut en accepter la banalité. Aie confiance dans le fait que tu y trouveras tout ce que tu cherches. Non pas des choses extraordinaires, mais la possibilité de faire l'expérience du réel. En éprouvant et en rendant justice à la réalité de ton existence, tu prendras conscience que la banalité du quotidien conduit à l'essentiel, à la perception authentique de ce qui est. Lorsque tu entres vraiment en contact avec ce qui est, tu touches au principe de l'être. Si tu fais du quotidien un moyen d'entrer en relation avec Dieu, alors l'ordinaire se métamorphose.

Prête attention à ce que tu fais, prends soin des choses qui te sont confiées : ton comportement est en correspondance avec ce qui résonne en ton for intérieur. L'attitude que tu adoptes envers les choses traduit ce que tu es au plus profond de toi. Et si tu te comportes mal avec les choses, c'est que tu es mal avec toi-même. Qui perd le sens des choses simples aura du mal à percevoir les mouvements de son cœur.

L'art de vivre sainement

*L*ES CHOSES de la vie quotidienne sont déterminantes pour trouver une vie saine. Il est nécessaire, par exemple, de prendre l'air régulièrement. Ainsi, certaines personnes se sentent déprimées parce qu'elles prennent trop peu soin de leur corps. Nous avons aussi besoin de vivre dans un espace agréable. Quand nous n'avons plus l'énergie d'aménager notre appartement pour le rendre vivable, il vaut mieux rechercher ailleurs un lieu où l'on se sent bien. Boire et manger sont aussi des activités pour lesquelles il est nécessaire de mettre les formes. Je ne parle pas là de la préoccupation de boire ou manger des aliments sains, mais de la culture de la table. Trop de gens ne prennent pas le temps de manger tranquillement, ils se contentent d'avaler quelque chose. Mais lorsque nous ne sommes plus à même de rester à table, c'est le sens de la communauté qui est perdu. L'alternance entre mouvement et repos a son importance. Nous avons parfois le sentiment d'être dévorés par les autres. Aussi avons-nous besoin de rituels qui aident à vivre sainement. Par exemple, j'organiserai ma matinée à ma guise et en tenant compte de mon bien-être. Les premières heures de la journée m'appartiennent. Je terminerai, de la même manière, cette journée en procédant à un rite qui exprime qu'elle m'a été offerte et que je la rends à celui qui me l'a donnée. Quand on rentre du travail stressé et épuisé, on n'a ni la force ni l'envie d'entreprendre quelque chose de sensé. On a alors tendance à étouffer son irritation en se gavant de nourriture, de boisson et de télévision. On se couche, enfin, fatigué. Ce rituel vespéral, s'il est bien un rituel, n'en est pas moins néfaste. L'irritation accumulée va se libérer, inconsciemment, durant la nuit. Et le

réveil se fera avec un sentiment d'insatisfaction. Pratiquer, le soir, un rituel qui
nous soit salutaire ouvre au mystère de
la nuit. Il nous permet, une fois endor-
mis, de nous rapprocher des racines divines, pour entendre la voie de Dieu
résonner dans nos rêves. L'art de vivre
justement se joue donc chaque jour. Tout
ce que nous faisons doit être accompagné
par une force spirituelle qui nous permet
de vivre d'une manière saine et bonne.

Quand les rituels nous ouvrent les portes du ciel

ℰRHART KÄSTNER évoque les rites,
dans son livre *Die Stundentrom-
mel*[5], consacré aux moines du mont
Athos. « En plus du besoin de s'ouvrir au
monde, il existe un besoin inné de répé-
ter le même à partir de l'ancien. Dans les
rites, l'âme se sent bien. Ils constituent
pour elle une solide demeure. [...] La tête
cherche la nouveauté et le cœur la répétition », écrit-il. L'observation que Kästner
fait de la vie du mont Athos concerne
tout le monde. Une vie réussie a autant
besoin de repères que de stimulations
nouvelles. Les rituels peuvent donner les
deux en même temps. Ils permettent à

l'être humain, au cœur de l'agitation du monde, de trouver un espace où habiter et de découvrir un havre de paix. Ils nous donnent une ouverture sur le ciel. Ils sont la promesse d'une vie épanouie et nous aident à vivre par nous-mêmes au lieu de rester sous l'emprise du monde extérieur. Les rituels nous permettent de renouer avec un monde familier, ordonné et rassurant – celui de notre véritable identité. Lorsque nous craignons de ne pouvoir tout faire et d'être engloutis sous la masse de travail, les rituels nous aident à nous réassurer face à l'hostilité du monde. Ils sont donc salutaires puisqu'ils donnent le désir de vivre. Par la participation du corps qu'ils induisent, les rituels me font éprouver concrètement que c'est bien ma vie que je vis.

Ne pas exagérer

ÊTRE BON avec soi-même ne veut pas dire, pour autant, se choyer ou dépendre de ses désirs. Organiser sa vie ne signifie pas suivre son humeur. Celui qui ne vit que selon son humeur ne peut affirmer sa volonté. Céder à tous ses désirs ne conduit pas à la satisfaction.

L'ascèse et la discipline – dans une mesure raisonnable – sont nécessaires à une vie bonne. Elles nous font prendre conscience que nous sommes acteurs de notre vie au lieu de la subir.

Amma Synclétique évoque l'ascèse exagérée : « Il y a une ascèse qui est fixée par l'ennemi, et ses disciples la pratiquent. Comment distinguerons-nous donc l'ascèse divine et royale de la tyrannique et démoniaque ? Il est évident que c'est par sa mesure régulière. »

L'ascèse ne doit pas aboutir à une violence retournée contre soi, car elle ne pourrait alors que nous nuire. Selon *abba* Poemen, « toute démesure vient du démon ».

Entièrement présent

« *L*'ÉTERNITÉ, c'est lorsqu'il ne manque plus rien au présent », disait Boèce.

L'éternité n'est pas un temps qui se prolonge indéfiniment mais un temps accompli. L'éternité fait intrusion dans notre temps lorsque nous vivons totalement l'instant ou, comme le dit le philosophe préchrétien Boèce, lorsque rien ne fait défaut au présent, lorsqu'il est présent pur et pure présence. Chacun a vécu ces instants dans lesquels nous sommes tout au présent. Alors le temps s'arrête et nous pressentons ce qu'est l'éternité, nous en savourons déjà le goût.

Comment se fait-il que je puisse manquer au présent ? Le présent est là ! Mais si je ne l'habite pas, il me manque. Le présent est présence, lorsque je ne suis pas présent, l'instant ne l'est pas non plus. En effet, si l'instant a une présence, c'est par moi. L'éternité existe si je suis entièrement présent, si je suis entier, si j'ai part au pur être. La présence véritable n'existe qu'en Dieu. Dieu est toujours présent, et lorsque je suis présent Dieu est en moi et je suis en Dieu.

L'instant est mystère

*L*E TEMPS, pour les moines, est rythmé, structuré. Un médecin a pu constater que cette cadence s'accordait au biorythme. L'historien des religions Ernst Benz pense même que le rythme du temps monastique est à l'origine de la conception moderne du temps, qui insiste sur la ponctualité et la rationalisation.

Les moines ont suivi l'injonction de saint Paul : « Sachez tirer parti de la période présente » (Colossiens 4, 5 et Éphésiens 5, 16). Le temps est, en effet, un bien précieux dont il faut prendre soin, et il est court. Les premiers chrétiens attendaient la venue du Christ. C'est pourquoi, pour eux, le temps pressait. Le Christ devant revenir bientôt et subitement, il faut se tenir éveillé, s'arracher au sommeil pour guetter la voix de Dieu.

La *meditatio mortis* – exercice qui consiste à imaginer, à se représenter sa propre mort – doit nous aider à prendre conscience de la valeur du temps. Chaque instant pourrait être le dernier : il faut donc le vivre pleinement. Se représenter sa mort chaque jour, comme l'enseigne saint Benoît à ses moines, conduit à percevoir chaque instant comme un temps sacré. Les moines éprouvent le mystère du temps ; et chacun s'interroge : Que signifie le fait que j'existe, que je respire ici et maintenant, que j'ai conscience de moi ?

Ainsi, le souci de la mort conduit à vivre consciemment dans l'instant, à garder à l'esprit la finitude du temps qui nous est octroyé. Les moines cherchent à faire entrer l'éternité dans le temps fini, et à laisser dans ce monde, à chaque instant, une trace de l'amour divin.

Ce qui échappe au temps

*L*E SECRET de la contemplation consiste, pour les moines, à écouter la parole jusque dans sa part d'inaudible, à la méditer au point que les mots finissent par se taire et que le pur silence emplit l'être humain. Ils s'abandonnent à la parole de Dieu au point que le temps est suspendu.

Friedrich Hölderlin, poète qui a su traduire le mystère de l'homme et le mystère de Dieu, a su mieux que quiconque, à mon sens, exprimer cette expérience. Il a tenté de mettre en mots ce qui échappe au temps. Ses poèmes conduisent au monde divin, au-delà de toute image, de tout mot et du temps. Dans *Mnémosyne*, le poète se fait le héraut du divin en ce monde et de l'éternel au cœur du temps. Il résume ainsi notre expérience du temps : « Le temps / Est long, mais voici paraître / Le vrai[6]. » Hölderlin souligne ici un paradoxe : le temps dure « longtemps » et il est aussi un « long temps » qui conduit à l'ennui. Un instant suit l'autre, mais au cœur du temps se produit le vrai, ce qui est au-delà du temps, ce qui le transcende. Pour Hölderlin, ancrés dans la fragilité de ce monde, c'est dans l'ivresse de l'amour que nous pouvons éprouver l'unité primordiale de la vie. Les poètes tentent de frayer la voie à l'éternité au sein de la temporalité. « Mais les poètes seuls fondent ce qui demeure », dit encore Hölderlin[7]. C'est à rendre présent l'intemporel au cœur du temps que se consacre Hölderlin.

Penser à Dieu conduit à éprouver sa réalité. Penser au temps conduit à goûter l'éternité, à comprendre que, dans l'instant, tout est unifié : Dieu et l'homme, le ciel et la terre, la parole et le mystère indicible, l'éternité et le temps.

Une vie tendue entre deux pôles

OICI une légende, provenant de l'abbaye cistercienne de Heisterbach. Dans le jardin du monastère, un jeune moine médite, sans le comprendre, ce verset de la Deuxième Lettre de Pierre (2 P 3, 8) : « Devant le Seigneur, un jour est comme mille ans et mille ans sont comme un jour. » Tout en méditant, il s'enfonce dans la forêt. Il n'entend ni ne voit plus rien de ce qui se passe autour de lui. Mais le son de la cloche appelant aux vêpres le ramène au cloître. Un inconnu lui ouvre la porte, il entre dans l'église et rejoint sa place habituelle.

Pourtant, quelqu'un l'occupe déjà. Jetant un regard sur l'assemblée des moines, il ne reconnaît personne. Lui-même devient objet d'étonnement de la part des autres moines, qui lui demandent son nom. À sa réponse, un murmure parcourt l'assemblée : depuis trois siècles, aucun moine n'a porté ce nom. Le dernier à le porter était un sceptique qui disparut dans la forêt. C'est pourquoi nul n'a plus porté ce nom. Après que le moine eut donné la date de son entrée au monastère et le nom de l'abbé, on consulta le registre. On se rendit compte, alors, qu'il était le moine disparu il y a trois cents ans. Le jeune moine, effrayé, vieillit en quelques secondes ; sa chevelure devint grisonnante et, sur le point de mourir, il exhorta ses frères : « Dieu transcende absolument le temps et l'espace. Ce qu'il recèle, seul un miracle peut le mettre au jour. Aussi, ne cherchez pas, pensez à mon destin. Je sais qu'un jour est comme mille ans et que mille ans sont comme un jour. »

Peut-être nous faut-il également un miracle pour comprendre le mystère du temps et de l'éternité. Lorsque nous nous interrogeons à ce propos, une longue liste de philosophes, de théologiens, de poètes et de mystiques, qui ont réfléchi à cette question, nous vient à l'esprit. Pour Augustin, le temps est insaisissable. Le passé est passé, l'instant ne cesse de nous échapper et le futur n'est pas encore présent. Martin Heidegger a donné pour titre à son œuvre majeure : *Être et Temps*. Dans une de ses conférences, il affirme : « Puisque le temps trouve son sens dans l'éternité, c'est à partir d'elle qu'il doit être compris. » Le rapport temps-éternité nous fait toucher du doigt la tension fondamentale qui anime toute existence humaine : celle qui relie la terre et le ciel.

Le dépassement du temps

*L*A CONTEMPLATION consiste en un dépassement du temps. Pour Évagre le Pontique, c'est une prière sans image, sans parole et sans pensée. L'action de penser s'accomplit dans le temps. Les paroles ont besoin du temps. Dans la contemplation, j'éprouve que tout est unifié, je fais l'expérience de mon unité avec Dieu et avec moi-même. Dans l'être-un, toutes les contradictions sont abolies. C'est ce que Nicolas de Cues appelait *coincidentia oppositorum*, dans laquelle il voyait l'essence divine. Passé et futur coïncident, c'est l'instant du pur présent. Je ne me soucie plus du passé et je ne formule aucun projet. Pour Augustin, tout est dicté par le souci. Dans l'instant de la contemplation, tout souci disparaît. À ce moment-là, j'entre en contact avec ce qui est le plus authentique, Dieu. Je n'ai pas, pour autant, d'image de Dieu : la contemplation est l'image de l'Unicité par excellence. Mon regard n'est pas retenu par le particulier, il va droit à l'essentiel. Alors, tout devient clair, et je sais, au fond de mon cœur, que tout est bien. Même si, dans ma vie, beaucoup de choses sont brisées, même si le chaos m'habite, je sais que, en vérité, tout est bien.

Dieu est au-delà du temps. Quand je deviens un avec Dieu, je participe de son intemporalité et de son éternité. Les moines s'exercent à la contemplation en liant à la respiration une parole de l'Écriture ou la prière de Jésus. Ils appellent la contemplation prière intérieure perpétuelle ; elle s'intègre à leur temps de prière individuel et influence la prière commune. Les paroles sont l'expression de leur prière intérieure, du désir de Dieu auxquels ils aspirent avec amour. Mais la prière intérieure ne se limite pas au temps de la méditation ou de la prière, le moine doit encore vivre chaque instant dans l'éveil et l'attention à ce qu'il fait. Lorsqu'il est totalement présent à l'instant et qu'il s'abandonne à ce qui est, l'éternité fait incursion dans le temps.

Un mystère

L 'HOMME s'inscrit dans le temps et le temps en l'homme, mais le temps est plus que l'homme. L'homme doit s'incliner devant le temps, c'est pourquoi il aspire à ce que Dieu l'arrache au temps pour qu'il ait part au temps divin qui est l'éternité. Là, le temps n'aura plus prise sur lui. Pour Augustin, le temps est un mystère. Chacun croit savoir ce qu'est le temps, mais à y réfléchir de plus près, il constate que le temps lui échappe. Dans ses *Confessions*, Augustin écrit : « Le temps, c'est quoi donc ? N'y a-t-il personne à me poser la question, je sais ; que, sur une question, je veuille l'expliquer, je ne sais plus[8]. » Il sait ce qu'est le passé, ce qu'est le futur, mais le présent ne se laisse pas appréhender. Il disparaît sans cesse dans le passé. Le temps, pour Augustin, est subjectif. Il a une action jusqu'au plus profond du cœur de l'homme. Le présent est « en réalité, une expérience de l'âme ; le passé un souvenir-image inscrit dans l'âme ; le futur n'existe que dans les attentes de notre âme. En revanche, le temps ordinaire est dénué de sens, il est éphémère, il disparaît lorsque l'âme s'unit à Dieu ». Voilà comment Marie-Louise von Franz traduit la conception augustinienne du temps. Le temps est une expérience intérieure. Augustin l'exprime ainsi : « Il y a, en effet, dans l'âme trois données que je ne vois pas ailleurs : un présent où il s'agit du passé, le souvenir ; un présent où il s'agit du présent, la vision ; un présent où il s'agit du futur, l'attente[9]. » L'âme fait l'expérience du temps mais elle peut aussi dépasser le temps, quand elle s'unit à Dieu qui est au-delà du temps. Selon Augustin, Dieu demeure au cœur de l'homme ; il lui est plus intime que son intimité même. Au plus profond de cette intimité, le temps n'existe pas, il n'est que pur présent. Dieu nous y fait rencontrer notre Moi véritable.

Trouve le calme en toi-même

« *S*OIS CALME et comprends, car tu te troubles et dans ta demeure intérieure tu atténues la lumière. Le Dieu éternel rayonne pour toi, il ne te recouvre pas d'une nuée de troubles. Sois tranquille en toi-même », dit saint Augustin.

En allemand *Stille*, qui veut dire « calme, tranquillité, silence », vient de *stehen bleiben*, « se tenir, rester debout ». Celui qui veut trouver le silence doit cesser de s'activer. Rester debout est, pour Augustin, la condition première pour se comprendre soi-même, pour comprendre les autres et le mystère du monde. La langue allemande – et les langues anglo-saxonnes en général – révèle la proximité entre « comprendre » *[verstehen]* et « se tenir debout » *[stehen]*. Dans la précipita-tion, je ne peux comprendre ni les paro-les des hommes ni leurs sentiments, puisque je passe sans m'arrêter. Celui qui se hâte reste dans le trouble et son cœur s'assombrit. Pour que le trouble en moi fasse place à la clarté, pour que je comprenne, il est nécessaire que je reste debout, en repos. Ce n'est qu'après avoir atteint cette limpidité intérieure que je peux trouver le calme, la sérénité, et que je peux tenir, résister, supporter. L'exhor-tation d'Augustin n'est pas de créer du calme autour de soi ou de paraître calme. Il nous invite, au contraire, à être « tran-quille en [soi]-même ». Pour apparaître vraiment calme, il faut d'abord établir le calme, la tranquillité en soi.

Par tous les sens

*L*A CONTEMPLATION est l'affirmation totale de l'être. Il y a pourtant un paradoxe : je fais l'expérience du sens à partir de quelque chose de concret. Je peux méditer en regardant une fleur ou un coucher de soleil. Tout regorge de sens. David Steindel-Rast, bénédictin et écrivain, l'exprime en disant : « C'est cela. » Il insiste sur chacun des mots. *C'est* cela : dans cette pierre, tout est réuni, Dieu et le monde ne font qu'un ; là, le temps et l'éternité ne font qu'un. C'est *cela* : c'est pur être, l'être est au-delà du temps, éternité ; comme Boèce l'a exprimé : « L'éternité est la possession aussi entière que parfaite d'une vie illimitée [10]. »

Le paradoxe, qui veut que l'on éprouve l'éternité au cœur de l'instant, se redouble pour moi dans le fait que cette expérience passe par la sensualité. L'éternité n'est pas vécue uniquement par l'esprit, en opposition à la matière. Au contraire, la dimension spirituelle passe par la matière, l'infini de l'espace et du temps passe par la finitude. Être totalement dans l'instant veut dire être tout à fait présent par les sens. C'est par l'éveil de tous les sens que j'éprouve le sentiment d'éternité. C'est bien là le paradoxe de l'incarnation de la parole de Dieu. Friedrich Nietzsche, critique virulent du christianisme, a pourtant bien perçu l'essence de l'incarnation. Il l'exprime clairement dans un poème : « La souffrance parle : Passe ! / Pourtant toute jouissance veut l'éternité, / veut une profonde, profonde éternité ! » L'éternité n'est pas entendue ici comme une durée que le plaisir souhaite prolonger interminablement. Le plaisir ne peut pas être prolongé, l'éternité consiste donc à vivre profondément l'instant, à se donner tout entier à ce que l'on est et à ce que l'on fait. Le plaisir est dépassement du temps et pressentiment de l'éternité.

Expérience suprême

*U*NE DES EXPÉRIENCES suprêmes est d'éprouver la solitude totale. David Steindel-Rast rapproche le fait d'être *seul* [*allein*, en allemand] de la participation à la totalité, à l'*être-un* [*all-ein*]. Être un avec le tout comme avec soi-même était une expérience essentielle chez les premiers moines. Denys l'Aréopagite rappelle que le mot « moine », *monachos*, vient de *monos*, « un, seul ». Le moine est celui qui fait un avec lui-même, avec les autres et avec le tout. Évagre le Pontique disait à propos de la prière : « Moine est celui qui est séparé de tout [de tous] et uni à tous. Est moine celui qui s'estime un avec tous, par l'habitude de se voir lui-même en chacun[11]. »

Le moine sent qu'il fait un avec l'ensemble du cosmos.

On rapporte que saint Benoît a vu l'univers dans un seul rayon de soleil. C'est là une caractéristique de la contemplation : devenir un avec le monde. Non pas voir le tout, chaque chose l'une après l'autre, mais immédiatement dans sa totalité. Je vois la source, le fondement, le point où tout est relié, où tout ne fait qu'un. Là, je suis uni à la Création, à Dieu, à l'espace et au temps. Dans l'expérience contemplative, l'espace et le temps disparaissent : j'accède à l'éternité qui fait incursion dans ma vie.

Au cœur du temps

NGELUS SILESIUS, dans son *Pèlerin chérubinique*, évoque le rapport du temps et de l'éternité en des vers célèbres :

Le temps est telle l'éternité et l'éternité tel le temps,

Pourvu que toi-même tu ne les distingues pas. [...]

Je suis, moi, éternité, quand lâchant le temps,

Je me saisis en Dieu et saisis Dieu en moi[12].

Ce sont là des vers audacieux au sens éminemment paradoxal. Mais l'expérience de la contemplation ne s'explique pas, même si les mystiques n'ont pas manqué d'exprimer le mystère de l'incursion de l'éternité au cœur du temps. Pour eux, dans la contemplation, l'adoration, la prière, l'homme peut dépasser le temps.

Dans les vers d'Angelus Silesius résonne l'écho de Maître Eckhart qui n'a cessé de se confronter à ce mystère. Pour Eckhart, la béatitude tient à ceci que « l'homme traverse et dépasse tout ce qui est créé, temporel, existant pour aller au fondement de ce qui est insondable ». Dans l'être-un avec Dieu, l'homme outrepasse le temps pour goûter à l'éternité. Maître Eckhart part du principe que Dieu est au-delà du temps. Dans cette mesure, la rencontre avec Dieu consiste toujours à éprouver l'éternité par-delà le temps. Quand, dans la contemplation, je fais un avec Dieu, le temps est suspendu. Passé et futur n'existent plus, laissant place au pur présent. De cet instant singulier, il nous est impossible de donner une durée. Les anciens parlent à ce propos d'illumination ; les bouddhistes l'appellent *satori*. Un éclair se fait en nous. Quand nous percevons cette lumière intérieure, la notion du temps s'estompe. Le temps s'arrête parce que nous entrons en contact avec Dieu. Dans sa main, nous faisons l'expérience de l'éternité.

Mystérieuse éternité

*A*NDREAS GRYPHIUS[13] a écrit dans une célèbre considération sur le temps :

Ces années que le temps m'a prises ne sont pas miennes ;
Ces années qui, peut-être, viendront ne sont pas miennes ;
L'instant est mien et je lui porte toute mon attention,
Lui m'appartient et il constitue la matière de l'année et de l'éternité.

Tous les maîtres spirituels évoquent l'art de vivre pleinement l'instant. Celui qui porte son attention à l'instant voit l'éternité faire incursion dans le temps. T. S. Eliot parle d'un « point fixe au cœur du monde mobile », point que nous touchons dans l'instant, point où « l'intemporel croise le temps ». Pour Andreas Gryphius, celui qui vit totalement dans l'instant fait un avec Dieu qui est au-delà du temps. Éprouver l'instant, c'est faire l'expérience de Dieu et, ainsi, transcender le temps.

Abraham Maslow appelle « expériences suprêmes » les moments où tout est unifié, où le temps et l'éternité se recouvrent. Tout le monde a fait, à un moment ou à un autre, ce genre d'expériences : seul dans la nature au printemps, sur un sommet avec des amis, à l'occasion d'un concert public, lors de la naissance d'un enfant. Si nous repensons à ce qui s'est passé lors de ces expériences suprêmes, les mots nous manquent, seule nous reste l'impression de bouleversement, de stupéfaction. David Steindel-Rast, ermite autrichien, repère trois caractéristiques dans ces expériences suprêmes. Tout d'abord, nous nous oublions totalement. Nous ressentons comme une grâce de pouvoir s'accepter car nous savons combien il est difficile de le faire. Mais la grâce suprême consiste à pouvoir s'oublier, à ne plus se poser de questions et à être complètement dans ce qui est. Il est paradoxal d'être tout à fait présent justement au moment où nous nous oublions. À ce moment-là, nous sommes pure présence à l'instant et vraiment nous-mêmes.

Va vers toi-même

*L*ECTEUR, si tu t'observes objectivement, reconnais que tu passes généralement ta journée sans vraiment réfléchir. Tu ne fais pas vraiment attention à ce que tu fais, tu oublies tes clés, tu égares ta paire de lunettes. Comme tu as la tête ailleurs, tu ne te rends pas compte que c'est toi-même qui es perdu, et non les clés ou les lunettes. Tu n'es pas présent à toi-même et aucun effort de réflexion ne te ramènera à toi.

Essaie de prier, sois à l'écoute de tes capacités créatrices, et alors tu trouveras dans quelle direction chercher. Et ceci est valable pour toute situation difficile. Éloigne-toi d'abord du problème et recentre-toi pour te trouver. Surgiront alors des solutions originales. Tu sauras prendre la bonne décision dans une situation inextricable, tu trouveras les mots adéquats dans une discussion problématique.

La solution, c'est au plus profond de toi-même qu'elle gît.

Fenêtre sur le ciel

L'ÉTERNITÉ, ce n'est pas un temps interminable ni l'éternel retour du même. Les moines, notamment, lui donnent deux significations. Il s'agit, d'abord, de la pleine durée de l'instant, traversée par l'éternité. Moment où nous perdons la sensation du temps. L'éternité est aussi la négation de tout ce qui se veut temporel. Platon, de son côté, concevait le monde des Idées comme éternel et hors du temps. Pour le chrétien, Dieu se situe au-delà du temps, hors de son emprise. C'est pourquoi la rencontre avec Dieu équivaut à faire l'expérience de l'éternité.

Selon les moines, nous pouvons faire l'expérience de l'éternité à diverses occasions. Par exemple, lors de la liturgie : pour saint Benoît, quand les moines entonnent les Psaumes, ils se tiennent en présence des anges. Les anges, hors du temps, sont auprès de Dieu et contemplent son visage. La liturgie terrestre est participation à la liturgie éternelle des cieux. Elle est l'occasion d'ouvrir une fenêtre sur le ciel. Les moines s'immergent dans la louange éternelle. Ce sont surtout la scénographie et la musique qui caractérisent la liturgie. Friedrich Schiller pensait que, dans la mise en scène, le « temps dans le temps » était dépassé. Peter L. Berger, philosophe contemporain, affirme que dans la joie du jeu, on « ne passe pas d'un temps à un autre mais du temps à l'éternité ». Le jeu dissout le temps : l'enfant s'oublie en jouant. De la même manière, la liturgie est une sorte de « jeu » sacré qui nous fait entrer dans le jeu éternel que jouent Dieu et l'homme.

La musique, essentielle dans la liturgie, est une fenêtre qui ouvre sur l'éternité. Elle joint le temps à l'éternité. Portée par les sons, la mélodie et le rythme, elle est, par essence, intemporelle. Dans chaque son résonne quelque chose du mystère de l'être. C'est bien dans la musique que la transcendance se fait sentir le plus clairement. Le chant grégorien, chant méditatif, possède la capacité de rendre audible le silence et sensible l'éternité.

Incursion de l'éternel

OUR Carl Gustav Jung et la psychologie des profondeurs, la fête relie le présent au passé mythique et historique. Elle interrompt le cours inexorable du temps. Elle est la promesse de la fête éternelle à laquelle Dieu nous invite.

Au cours de la fête, l'éternité divine fait incursion dans le temps. La fête suspend le travail et tout ce qui relève du profit, elle est désintéressée. Elle nous arrache au domaine de la fonctionnalité, au stress de la vie quotidienne. Elle se caractérise « par l'absence d'effort et par la légèreté ». C'est en disant oui au monde que nous pouvons interrompre l'ordinaire par la fête et goûter à l'authenticité. Pour Platon, les dieux ont eu pitié des hommes et leur ont accordé « comme pause les jours de cultes réguliers et comme compagnons de fête les Muses et leurs guides Apollon et Dionysos ». La fête est toujours le symbole du devenir-humain. Elle est la cérémonie de l'union à Dieu et de l'abolition des contraires. De tous temps, les noces ont célébré l'union des contraires. Chaque fête rappelle que nous faisons un avec Dieu, que nous avons part à son éternité.

Chaque dimanche célèbre la Résurrection. Nous fêtons le huitième jour, celui qui ne connaît pas de crépuscule. Celui dans lequel le temps est absorbé par l'éternité. Le huitième jour est bien le jour de la Résurrection. Pour Augustin, il recèle en lui la béatitude éternelle : « Chaque repos éternel débouche sur le huitième jour et ne connaît pas de fin en lui. C'est pourquoi le huitième jour sera ce qu'était le premier et, ainsi, la vie originelle ne sera plus passée puisque revêtue du sceau de l'éternité. » Huit est le chiffre de l'éternité, de ce qui ne finit pas. Les fonts baptismaux, à l'origine, étaient octogonaux. S'y plonger était s'immerger dans la vie éternelle de Dieu. La voie de Bouddha, que chacun doit parcourir pour échapper à la souffrance, aux réincarnations et participer au *nirvana*, se compose, elle aussi, de huit étapes.

Quand l'âme aspire à la fête

*L*A FÊTE est l'expression d'une des caractéristiques essentielles de notre âme. Nous célébrons une fête dans la mesure où elle conforte la vie. Alors quelque chose de capital se met en mouvement dans notre âme. La fête nous confronte aux risques et dangers de la vie mais nous offre aussi les moyens d'y faire face. Elle a un effet de guérison. Il est sain de s'abandonner corps et âme au rythme de la fête.

Les nombreuses fêtes qui rythment le temps de liturgie l'expriment à chaque fois d'une manière différente. Le temps de l'Avent traduit l'attente et l'aspiration et peut métamorphoser nos dépendances [*Suchte*] en désir [*Sehnsucht*]. Le temps de Noël exprime un recommencement : il nous invite à nous détacher de nos blessures, de nos humiliations. Lorsque Christ naît en nous, nous nous rapprochons au plus près de l'image authentique de Dieu que nous portons en nous. Le Carême est un temps d'examen de conscience et de purification intérieure. Par le jeûne, nous prenons la mesure des conditionnements auxquels nous avons cédé. Nous avons besoin de ce « nettoyage de printemps » de l'âme et de cette « désintoxication » du corps. Le temps de la Passion est l'occasion de regarder nos détresses et nos faiblesses – que nous n'avons pas à refouler – à la lumière des souffrances de Jésus. Il nous libère de l'illusion d'une vie sans écueils tout en nous indiquant comment les considérer d'un œil nouveau. Souffrant, nous ne sommes pas exclus de la vie mais nous pouvons, au contraire, nous sentir proches de Jésus. Pâques, fêtant la Résurrection, peut nous encourager à sortir du « tombeau » de nos angoisses et de nos dépressions. C'est une invitation à oser vivre de nouveau. C'est aussi la promesse que les chaînes qui nous entravent peuvent tomber. Lors de la Pentecôte, nous fêtons l'Esprit qui nous guérit et nous remplit d'une vie nouvelle. Dieu nous vient en aide et nous accorde son Esprit libérateur.

La guérison de notre âme blessée se produit pour peu que nous nous abandonnions à la dynamique profonde de ces fêtes.

*Donne un sens
à ton travail*

Du juste équilibre

Ne poursuis pas le vent

« *M*ieux vaut une poignée de repos que deux poignées de travail et poursuite de vent » (L'Ecclésiaste 4, 6).

Cette sage recommandation biblique est toujours d'actualité. Nous disons de quelqu'un qu'il a une main ferme s'il prend quelque chose d'un geste sûr et avec calme. Sa main calme et ferme traduit l'ouverture. Elle ressemble à la coupe prête à accueillir. À l'opposé, le poing exprime la prise violente et l'agressivité. Il est dirigé contre quelqu'un. Le sage de la Bible pense, en évoquant la poignée, le poing, à ceux qui cherchent, dans la violence et l'effort, à atteindre quelque chose. Et, pour lui, maintes poignées ne sont que « poursuite de vent ». Les buts recherchés là ne sont que superficiels. Les objectifs véritables ne peuvent être atteints les dents serrées et les poings fermés, ils ne peuvent l'être que les mains ouvertes. De même qu'il m'est impossible de retenir le vent, je ne peux enfermer la paix dans mon poing. Je

n'éprouve la sérénité, le repos que lorsque je m'ouvre, que je suis totalement
dans l'instant et que je cherche à savoir
ce qui s'est déposé dans ma main.

L'avidité va à l'encontre de la vie

« *L*ES PERSONNES cupides sont sem-
blables aux abeilles : elles travaillent comme si elles devaient vivre
éternellement », dit Démocrite. De nos
jours, comme à l'époque du philosophe
grec, des gens s'activent sans penser que
cela puisse finir. Ils se croient obligés
d'accumuler sans fin, de crainte d'être,
un jour, dans le besoin. Démocrite,
au IVᵉ siècle avant l'ère courante, pointait,
comme cause de cette accumulation sans
fin, l'avidité. Les gens qui s'activent sans
arrêt ne le font pas par zèle ou applica-
tion mais par avidité.

Travailler avec zèle c'est, certes, travailler abondamment, mais sans acharnement et avec plaisir. Le cupide, lui, se
raidit sur son travail par crainte de n'en
pas tirer assez de profit. Cette cupidité,
cette avarice, est un besoin irrépressible
de posséder. Il s'agit plus du désir de
richesses que de la peur de trop dépen-
ser, comme nous l'entendons habituelle-

ment. Celui qui est mû par l'avidité se voit contraint de travailler sans cesse. Il ne peut s'accorder aucun repos pour jouir de la vie, car ce serait limiter l'accumulation de biens.

L'avare ne vit pas, il croit qu'il jouira, plus tard, *toujours plus tard*, des fruits de son labeur. Ce moment est sans cesse reporté par crainte de rater une occasion d'accumuler. L'avide ne peut vivre vraiment puisqu'il ne vit qu'en perspective d'un avenir sans cesse remis. Il travaille comme s'il pouvait vivre éternellement. Il sera pourtant obligé, un jour, d'admettre que nul n'est éternel.

Nouvelle dimension

$\mathcal{D}$ ANS l'accompagnement spirituel, il m'arrive souvent de proposer, à celles et ceux que je suis, de se poser les questions suivantes : « Imaginez qu'il ne vous reste plus qu'un jour à vivre. Que feriez-vous ? Quel message souhaiteriez-vous transmettre par votre vie ? Quelle trace voudriez-vous laisser en ce monde ? »

Les uns souhaitent revoir les gens qu'ils aiment, leur expliquer ce qui les a motivés dans la vie, pourquoi ils ont fait tel ou tel choix et ce qu'ils voudraient transmettre. D'autres veulent, une fois encore, être pleinement dans l'instant et goûter au mystère de la vie. D'autres encore cherchent à continuer de faire ce qu'ils font mais de façon plus consciente.

M'imaginer mon dernier jour en ce monde me rend plus éveillé par rapport à mon travail. Si j'effectue un travail manuel, je vois dans l'outil un moyen de créer. Si j'écris une lettre, je choisis les mots de façon plus réfléchie et j'essaie d'y faire passer autre chose que le seul message utilitaire. Avec mes collègues de travail, je me demande comment leur faire sentir que je les apprécie, qu'ils comptent pour moi et comment leur dire que la vie vaut la peine d'être vécue.

En méditant sur nos derniers moments de vie, nous donnons à notre travail une autre qualité, une autre dimension. Nous pouvons alors comprendre et vivre différemment nos tâches professionnelles. Chaque jour, nous pouvons aller au travail en étant plus présents à ce que nous faisons. Alors nous avons le sentiment que tout ce que nous faisons a une valeur. Bien sûr, nous n'avons pas toujours le choix de notre travail, mais la manière dont nous l'accomplissons nous appartient.

Sans précipitation

*U*N PROVERBE oriental dit : « Lorsque tu es pressé, fais un détour. »

Celui qui va droit au but risque d'oublier le plus important. Rivé sur son objectif, il ne réfléchit pas à la manière la plus sensée de l'atteindre et laisse de côté tout ce qui doit être pris en compte. Celui qui se laisse détourner gagne du temps pour réfléchir à ce qu'il faut vraiment faire. Il accomplira sa tâche de façon plus efficace parce qu'il aura élargi son horizon. Et peut-être, en chemin, aura-t-il envisagé des solutions qui ne lui seraient pas venues à l'idée sans ce détour.

Durabilité

« *L*E SENS VÉRITABLE de la vie consiste à planter des arbres à l'ombre desquels on n'aura probablement pas le loisir de se mettre », dit Nelson Henderson. Il n'est pas certain qu'Henderson fût jardinier, mais ce qui est sûr c'est qu'il était rempli de sagesse...

Cette façon de voir contredit incontestablement celle qui a cours, aujourd'hui, dans le monde du travail. Dans la plupart des entreprises, les cadres supérieurs doivent rendre compte régulièrement de leurs résultats. L'entreprise ne peut pas se permettre des moments de baisse d'activité : elle exige donc que les objectifs soient atteints à très court terme. Les responsables ne se posent pas toujours la question de savoir si les bons résultats auront un effet durable ou s'ils ne seront qu'un feu de paille. Penser à court terme peut coûter cher à longue échéance.

Le mouvement écologique a mis en avant le fameux « développement durable ». C'est la seule façon de gérer qui tienne compte de l'environnement et des générations futures.

Les grands hommes n'ont jamais cherché le succès à court terme. Ils ont planté des arbres qu'ils n'ont pas vus grandir. Ils ont lancé la construction de cathédrales dont ils n'ont pas vu l'achèvement. Mais leur rêve a changé le cours des choses. Les générations suivantes ont récolté les fruits de leur labeur. La véritable grandeur est celle qui se soucie des générations à venir et qui plante en sachant que les fruits ne seront récoltés que bien plus tard.

Ne sois pas trop dur avec toi-même

*L*E TRAVAIL fait partie de la vie. Celui qui aime travailler éprouve de la joie et trouve de la satisfaction dans ses efforts physiques ou intellectuels. Le travail empêche que l'on soit obnubilé par soi-même. Avoir quelque chose à accomplir fait ressortir nos capacités. Mais le travail n'est pas sain quand il détermine complètement notre vie et qu'il exige trop de nous. Certaines personnes ne connaissent que le travail et en oublient de penser à elles et de consacrer du temps aux autres. Celui qui se surmène en permanence court à sa perte. Le stress fait souvent partie du statut social. Pourtant, il équivaut, la plupart du temps, à une incapacité à se prendre en main et à s'occuper de soi. Il ne sert à rien d'être dur envers soi-même et de s'habituer à la surcharge de travail. On court ainsi le danger de se montrer dur aussi envers les autres.

Essaie de découvrir les causes de ton stress et cherche le bon remède.

La source de vie

B EAUCOUP de personnes se plai-
gnent, aujourd'hui, d'être stres-
sées, épuisées. À mon sens, le stress est
toujours un problème spirituel. Nous
nous reposons, pour travailler, sur nos
seules forces. Pourtant, en nous bouil-
lonne la source de l'Esprit-Saint. Quand
j'entre en contact avec cette source,
quand elle m'abreuve durant mon travail, je peux m'investir beaucoup sans
connaître l'épuisement. Cette source est
inépuisable puisque divine. Beaucoup
s'épuisent parce qu'ils s'accrochent à de
mauvaises représentations : « J'espère
que j'ai bien accompli ma tâche, que je
n'ai pas fait d'erreur ; j'espère qu'il n'y
aura pas de conflit. » Ce genre de questions conduit vite à l'épuisement.

La prière est le chemin qui conduit à
la source intérieure. Selon Évagre le Pontique, la prière nous amène à un espace
intérieur de silence, qu'il nomme « lieu
de Dieu ». Dieu lui-même l'habite ainsi
que « Jérusalem » parce que c'est un lieu
de paix. En nous – c'est ce que nous
disent les mystiques – existe un lieu où
tout est silence et où Dieu demeure. Mais

nous ne sommes généralement pas reliés à cet espace de silence. Le bruit, les soucis et les difficultés s'interposent, à la manière d'un mur, entre notre cœur et ce lieu intérieur. La prière nous aide à traverser ce mur. Là où Dieu demeure en nous, les hommes n'ont pas accès. Et dans cet espace, les jugements et les condamnations, les désirs et les attentes, les refus et les coups ne peuvent nous atteindre. Nous y sommes indemnes et unifiés. En dépit de nos angoisses, en notre centre nous pouvons faire l'expérience de l'unité et de l'inviolabilité de notre Moi véritable. Les blessures ne concernent que nos émotions, pas notre Moi profond. Dans l'Église orientale, la prière de Jésus est le chemin essentiel pour atteindre la part la plus intime de notre cœur, cet espace de douceur et de compassion, d'amour et de liberté. Dans cet espace, la culpabilité n'a pas voix au chapitre, nous sommes purs et sans tache.

Stress et flow

CHEZ LES MOINES, certains courants ont considéré le travail comme un obstacle sur le chemin spirituel. Pourtant, la tradition l'a perçu autrement. Le travail contribue à me faire avancer sur le chemin spirituel et m'aide à mieux me connaître. En travaillant, j'apprends à connaître mes potentialités, mais je découvre aussi ma part d'ombre. Les Pères spirituels, simplement en regardant travailler quelqu'un, pouvaient lire dans son âme. Celui qui travaille de façon désordonnée trahit la confusion de son âme. Dans le travail, je suis sans cesse confronté à mes limites. Des émotions, comme l'énervement, la colère, peuvent surgir. Elles traduisent mes points sensibles et les désirs que j'ai refoulés.

Certains confondent spiritualité et narcissisme religieux. Ils ne font que tourner autour de leur nombril. Travailler, c'est se mettre au service de Dieu en abandonnant le moi et ses désirs. Être ou non stressé dans le travail est un problème profondément spirituel. Celui qui cherche en permanence à faire ses preuves et à faire bonne figure devant les autres puise dans ses propres forces, qu'il aura bien vite épuisées. En revanche, celui qui a trouvé sa source intérieure, celle de l'Esprit-Saint, verra le travail en jaillir à flots continus. Pour lui, tout coulera de source ; il sera dans le flux, dans le courant – *flow* –, et pourra travailler sans se fatiguer.

Il existe des cadres supérieurs qui, tout

en travaillant beaucoup, n'entraînent pas leurs subordonnés derrière eux. Car il émane d'eux une agressivité inconsciente. Ils se protègent contre toute critique en redoublant d'efforts. Leurs collaborateurs ressentent, dans ce surinvestissement, l'agressivité refoulée, ce qui les paralyse au lieu de les motiver.

À ce qui émane de moi lorsque je travaille, il est possible de savoir si je m'alimente à la source de l'Esprit-Saint ou si mes motivations restent purement égoïstes, parce que j'éprouve le besoin de me valoriser faute de pouvoir croire en moi. Lorsque le travail sert des buts détournés (valorisation de soi, par exemple), il ne peut pas véritablement être fécond.

Donner un sens à la routine

SE PLAINDRE en permanence de son travail traduit un manque de présence à ce que l'on fait. Celui qui est dans cet état n'entre pas vraiment dans son travail. Il se raccroche à ses rêves de grandeur et estime qu'il mérite mieux que ce qu'il fait. De fait, certains travaux relèvent de la routine. En ce qui me concerne directement, je dois, par exemple, m'occuper du règlement des factures, et cette activité est loin d'être créative. Pourtant, je la prends comme un temps de repos durant lequel je me concentre sur ma respiration et médite. Alors j'en retire, malgré tout, un plaisir et je n'ai plus l'impression d'avoir à accomplir une tâche supplémentaire. Je reste disponible à toute visite et prêt à répondre à tout appel téléphonique.

Les tâches routinières ne sont donc pas forcément ennuyeuses. Cela dépend de moi que mon travail soit créatif ou non, que je transforme les tâches routinières et faciles en temps de repos ou que je les subisse. Toutefois, il est important de vérifier, de temps en temps, si toutes ces tâches routinières sont vraiment nécessaires et si elles ne peuvent pas être effectuées d'une autre manière.

Il tient à moi que mon travail ait un sens ou non. Par le travail, je ne crée pas seulement un produit qui sera utile aux autres, mais je détermine aussi une atmosphère soit positive et créative, soit négative. Lorsque règne une atmosphère saine autour de moi, mon travail a un effet thérapeutique. Il apporte aux autres la joie, non seulement dans le travail mais aussi dans le temps passé ensemble. Si l'on éprouve de la joie à travailler on la répercutera, le soir, en rentrant chez soi, au lieu de rapporter de la frustration et de la colère.

Pour que l'âme puisse respirer

« ℰLUI qui se comporte mal avec lui-même, comment pourrait-il être bon envers les autres ? Pense à ceci : accorde-toi des plaisirs », écrivait Bernard de Clairvaux à son disciple qui devint le pape Eugène III. Alors qu'Eugène III se plaignait à Bernard de Clairvaux de ne plus arriver à prier parce qu'il était harassé de travail, ce dernier réagit sans aucune pitié. Il lui fit la leçon bien qu'il fût pape. S'il est débordé de travail, s'il répond à toutes les sollicitations, c'est de sa faute ! C'est justement parce qu'il occupe de très hautes fonctions qu'il doit prendre soin de lui. S'il ne s'occupe pas de lui-même, l'attention qu'il portera aux autres n'aura aucun effet bénéfique. Au contraire, il risque de s'endurcir et de se remplir d'amertume. Puisqu'il consacre beaucoup de temps aux autres, il doit aussi en garder pour lui afin que son âme respire et se sente vivre. Mais il ne lui suffit pas de se donner du temps, il doit encore se trouver lui-même.

Il doit écouter son cœur, s'accorder de l'amour et de la tendresse. Alors seulement il sera en mesure de trouver la paix dans son travail et d'agir, guidé par l'esprit de Jésus.

En revanche, s'il pense qu'il lui suffit de transmettre l'enseignement de Jésus sans rien s'accorder à lui-même, Jésus désertera son cœur. Reprendre les paroles de Jésus sans s'en imprégner, c'est ne pas vivre de l'esprit de Jésus. En effet, celui-ci invite ses disciples occupés à prendre du recul : « Venez vous-mêmes à l'écart, dans un lieu désert, et reposez-vous un peu » (Marc 6, 31).

Dans les sessions de formation que je donne aux cadres, ils se laissent toujours impressionner par cette recommandation tirée de la règle de saint Benoît : « Le cellérier veillera sur son âme. » Ils ressentent bien que, pris par les responsabilités qu'ils ont par rapport aux autres, ils n'ont pas suffisamment écouté leur âme. Ils n'ont pas mesuré les réactions de leur âme induites par le surcroît de travail. Ils n'ont pas prêté attention aux différents signaux : insatisfaction, lourdeur, peur, épuisement du désir ; ils ont continué à travailler. Ainsi, le vide intérieur s'est installé. Le plaisir de travailler, ils ne le retrouveront que s'ils se mettent à l'écoute de leurs émotions et qu'ils accordent à leur âme la possibilité de respirer.

Les conseils de l'ange

*S*AINT BENOÎT établit trois critères selon lesquels on peut déterminer si un novice recherche véritablement Dieu. L'un de ces critères consiste à observer s'il met du zèle à servir Dieu, s'il s'autorise ses sentiments et les exprime devant Dieu. On regarde, ensuite, si le novice peut s'intégrer à la communauté, s'il peut faire preuve d'obéissance, s'il est sociable. Enfin, on vérifie s'il est prêt à accepter de fournir une charge de travail, s'il est efficace. Être lucide vis-à-vis de ses sentiments, être sociable et efficace : voilà les critères qui déterminent si un homme est équilibré ou pas.

Voici une histoire rapportée par un Père du désert :

Abba Poemen dit : « Trois exercices physiques sont pratiqués par le vieux père Pambo : le jeûne quotidien et jusqu'au soir, le silence et beaucoup de travail manuel. » Grâce à ces exercices, Pambo a pu atteindre la maturité spirituelle. La persévérance mise à pratiquer ces exercices l'a transformé. De la même manière, Antoine a appris d'un ange comment il pouvait réussir sa vie. Un jour qu'il était d'humeur maussade, il questionna l'ange sur ce qu'il devait faire. Il vit alors quelqu'un qui lui ressemblait : « Il était assis et travaillait, s'interrompait pour prier, se rasseyait et tressait une corde, puis se relevait à nouveau pour prier. Et regarde, c'était un ange du Seigneur envoyé à Antoine pour le conseiller et lui apporter la sécurité. Et il entendit la voix de l'ange : "Agis ainsi et tu trouveras le salut !" Entendant cela, il fut rempli d'une grande joie et de courage. Ainsi, il fut sauvé. »

Un emploi du temps défini, l'équilibre entre prière et travail, alternance des positions assise et debout : voilà comment atteindre la paix et la sérénité du cœur. Cet ordonnancement des activités apporte l'ordre intérieur.

La source intarissable

« ℛÉSERVE une demi-heure chaque jour à la prière, sauf lorsque tu as beaucoup à faire. Dans ce cas, prends une heure. » Les psychologues ne manqueraient pas de relever le côté paradoxal de ce conseil donné par saint François de Sales. En tout cas, il est pertinent.

Il m'arrive régulièrement d'entendre

des gens se plaindre du fait qu'ils n'arrivent pas à prier parce qu'ils ont trop de travail. À mieux les écouter, je découvre bientôt qu'ils sont peu performants dans leur travail. Certes, ils travaillent avec obstination mais pour un piètre résultat. Selon François de Sales, c'est quand l'exigence de travail se fait plus grande qu'il faut prier davantage. Car celui qui travaille beaucoup doit aussi beaucoup prier afin que son travail soit productif. La prière éclaircit l'esprit et empêche que l'on se précipite aveuglément dans le travail. Elle nous met en contact avec notre centre afin que notre travail émane de ce noyau, du cœur de notre être. Dans la prière, nous découvrons la source intérieure de l'Esprit-Saint. Quand le travail provient de cette source, nous ne nous fatiguons pas facilement, puisque cette source, divine, est intarissable.

Qui se sent stressé par son travail puise à ses propres forces et non à celles de l'Esprit-Saint. De cette source coulera toujours une eau fraîche et, ainsi, j'éviterai de tomber dans la routine. Je serai, au contraire, présent et créatif, car la spiritualité est profondément liée à la créativité. Le stress étant un problème spirituel, plus on a de travail et plus on a besoin de prier. Et cela non pour fuir le travail mais dans le but d'éviter l'enlisement dans la routine et de réaliser ce que l'on fait avec le maximum d'imagination et de créativité.

Laisser grandir

« *A*TTENDS LE MIRACLE, comme le jardinier attend le printemps. » Ce conseil, donné par Antoine de Saint-Exupéry, recèle une vraie sagesse pour la vie quotidienne.

On ne peut pas faire de miracle. Les miracles se produisent avant tout quand les hommes ne s'enferrent pas dans l'agitation et l'obstination. Ils adviennent lorsque l'on sait attendre. Seul celui qui a la patience d'attendre le printemps, comme le jardinier, peut observer la naissance du bourgeon. Par son travail, le jardinier peut préparer la voie au printemps, mais il ne peut pas en précipiter l'arrivée. Le printemps arrive quand il veut, le jardinier ne peut que l'attendre.

Aujourd'hui, nombreux sont ceux qui éprouvent de la difficulté à être patients. Ils voudraient que tout se fasse dans un minimum de temps. Pourtant, pour que quelque chose puisse croître, il faut attendre patiemment. Les relations entre humains ont besoin de temps pour se développer. Beaucoup d'entreprises se plient à la loi qui veut que des résultats soient tangibles immédiatement. Ils sont pourtant de courte durée, tant ce qui a été acquis en peu de temps disparaît rapidement. La croissance a besoin de temps. Et cela vaut aussi pour l'individu. Seul celui qui sait être patient avec lui-même, qui sait attendre, pourra récolter les fruits de la maturité.

Le sens du travail

OUR SAINT BENOÎT, qui, en tant que père du monachisme, se trouve à l'origine de notre culture, il est important que les moines se nourrissent du fruit de leur travail. Cette expérience leur donne une liberté intérieure qu'ils ne trouveraient pas en dépendant de bienfaiteurs. La dépendance empêche de se sentir vivre vraiment puisqu'on est déterminé par l'extérieur. Celui qui prend sa vie en main éprouve du plaisir à vivre. Travailler permet d'organiser soi-même sa vie, d'être créatif, d'inventer du nouveau. Le travail devient alors une joie plutôt qu'un fardeau. Saint Benoît vint un jour en aide à un Goth qui possédait plus de force physique que d'intelligence. Alors qu'il débroussaillait de toute son énergie un terrain, ce dernier vit le fer tranchant de sa hachette se détacher et tomber dans la rivière. Benoît prit le manche, le plongea dans la rivière et, aussitôt, la hachette se reconstitua. La rendant au Goth, il lui dit ces mots, dont les bénédictins ont fait leur devise : « Travaille et ne sois plus triste ! » Le travail était certainement, pour le Goth, une occasion de se réjouir, de se sentir vraiment vivant et utile.

Dans leur travail, les moines ne doivent pas seulement se préoccuper d'eux-mêmes mais aussi des autres. Le travail est toujours utile pour les autres. Cela n'est pas seulement valable pour le secteur des services, aujourd'hui de plus en plus important, mais pour toute production. Une entreprise qui produit de bonnes voitures est utile aux autres. L'acheteur sera rassuré par la fiabilité et la solidité de telles voitures.

Le conducteur de bus, lui aussi, est utile pour les autres. Il part à l'heure et conduit prudemment son véhicule. Bien qu'il ne connaisse pas les passagers, il a le souci de les amener à bon port. Si l'utilité du travail des médecins, des infirmières ou des psychothérapeutes apparaît immédiatement, ils ne sont pas les seuls à être au service des autres. Nous sommes tous interdépendants. Et le fait que quelqu'un trouve un motif de satisfaction à mon travail me pousse à travailler consciencieusement.

Le travail et l'inflation de l'ego

« *L*ES ÊTRES HUMAINS se partagent en deux catégories : ceux qui accomplissent un travail et ceux qui revendiquent la gloire. Fais en sorte d'appartenir au premier groupe ; là, la lutte est moins âpre. »

Ces mots sont d'Indira Gandhi, fille de l'homme politique Nehru et elle-même femme politique célèbre. Ils marquent son accord – par-delà le temps et la différence des cultures – avec un autre grand connaisseur de la psychologie humaine.

En effet, saint Benoît, dans sa Règle, dénonçait déjà la poursuite de la gloire. Celui qui recherche la gloire dans son travail ne peut être véritablement présent à ce qu'il fait. Le travail devient pour lui le moyen de se mettre en valeur. Celui qui se rend intéressant et se met au-dessus des autres doit, selon Benoît, être rabaissé et se voir assigner une autre tâche. Pour Benoît, aucune bénédiction ne peut venir d'une telle attitude dans le travail. Le travail n'est plus alors un processus créateur, mais devient simple moyen de parvenir à une fin. Le travail n'est au service que de la gloire et de l'ego.

Il n'est pas surprenant qu'Indira Gandhi ait fait, à son tour, la même constatation, tant les hommes désintéressés, ceux qui se mettent au service des autres sans en attendre la gloire, sont rares. La plupart des gens qui s'abritent derrière le travail poursuivent d'autres buts. Soit ils veulent échapper à toute critique, soit ils recherchent la gloire. En fin de compte, ils ne s'occupent que d'eux-mêmes.

Dépendance

ECHERCHER la gloire, c'est se mettre sans cesse en valeur devant les autres. Tout ce que nous faisons l'est dans le seul but d'être remarqué par les autres. Évagre le Pontique décrit ainsi la vaine gloire :

> La pensée de la vaine gloire est une pensée très subtile qui se dissimule très facilement chez le vertueux, désirant publier ses luttes et pourchassant la gloire qui vient des hommes. Elle lui fait imaginer des démons poussant des cris, des femmes guéries [...] et fait surgir à sa porte des gens qui viennent le chercher : et s'il ne veut pas, on l'emmènera ligoté [14].

Obnubilé par la gloire, je me préoccupe sans cesse des autres et de ce qu'ils pensent : Comment me voient-ils ? Apprécient-ils ce que j'ai fait ? Je ne suis pas réellement moi-même puisque je dépends du jugement d'autrui. Je suis en permanence en représentation et j'attends qu'on m'applaudisse. Certes, il est réconfortant d'être reconnu. Mais ce serait de l'*hybris*, de la démesure, de penser que nous sommes insensibles à la reconnaissance et aux louanges. Ce qui est important, ce n'est pas de se libérer de cette quête mais de pouvoir la relativiser afin de ne pas tomber dans la dépendance.

Humilité

ELON le père Poemen, « l'homme a autant besoin de se faire humble et de craindre Dieu que de l'air que son nez respire ».

Pour les moines, l'humilité est le courage de s'accepter en vérité, comme humains liés à la terre. L'humilité est, pour eux, un critère permettant de savoir qui est homme de Dieu.

Les frères firent l'éloge d'un moine chez *abba* Antoine. Ce dernier, lorsqu'il reçut sa visite, l'éprouva pour savoir s'il supportait l'injure ; et s'apercevant qu'il ne la supportait pas, il lui dit : « Tu ressembles à un logis magnifiquement orné sur la façade, mais pillé par-derrière par les voleurs. »

Et Synclétique ajoute de son côté : « De même qu'il est impossible de construire un navire si l'on n'a plus de clous, de même est-il impossible de se sauver sans humilité. »

Ne te laisse pas entraîner

« *L*E CHEMIN du sage consiste à agir. Mais pas dans l'esprit de rivaliser », dit Lao-tseu.

Les sages, d'où qu'ils soient, savent que le travail est essentiel pour l'être humain. Dans son essence même, l'homme est quelqu'un qui agit *[handeln]*. La main *[Hand]*, son organe le plus noble, donne forme à tout ce qu'il saisit. L'homme transforme la terre, il sème et récolte. Il tend la main aux autres. Agir a donc à voir avec la sagesse, mais celui qui, dans l'agir, cherche à dépasser l'autre pour se prouver qu'il est le meilleur n'agit pas bien.

Lao-tseu, le sage taoïste (*tao* = la juste voie) de la Chine ancienne, parle de la vie juste et sensée quand il recommande d'agir hors de toute concurrence. En effet, nous n'avons pas à observer ce que font les autres et à nous comparer à eux.

En me comparant aux autres, dans mon travail, je m'expose au stress. Je ne suis pas présent à ce que je fais, le travail n'émane plus de moi ; toute mon attention est concentrée sur les autres auxquels je me compare. Je suis embarqué par mon travail sans voir que je ne peux pas m'y investir. Je ne suis plus dans l'agir, je suis poussé à faire plus que les autres. Je ne vaux que par le jugement des autres et je n'existe qu'en comparaison aux autres. Cela détruit l'agir véritable.

Celui qui agit justement est celui qui est tout dans sa main, qui est présent à ce qu'il fait, qui tend la main aux autres et qui s'abandonne à son action créatrice.

Recentre-toi

Ne sois pas taciturne sans raison, apportant aux autres trouble et amertume. Et garde-toi d'être lent dans tes mouvements et ta démarche, quand on te demande de te hâter ; sinon tu serais pire que les agités et les turbulents. J'ai vu ceci, comme le dit Job (Job 8, 18 et 13, 1) : des manières trop lentes font souvent souffrir les âmes, et d'autres fois c'est une trop grande promptitude. Et je me suis étonné de voir la variété de notre malice (Jean Climaque).

*L*A SAGESSE des premiers moines rejoint la conception de la voie juste de Lao-tseu. C'est celle que Jean Climaque[15] met en avant dans son *Échelle sainte*. Nous retrouvons aujourd'hui la valeur de la lenteur. Plutôt qu'accélérer il nous faut décélérer, décider d'aller et de travailler plus lentement. Pour autant, selon Jean Climaque, la trop grande lenteur est aussi néfaste que la hâte et elles sont toutes deux des symptômes d'un dérèglement psychique.

Il existe une lenteur qui traduit plutôt le manque de motivation qu'un choix délibéré.

Certaines personnes sont lentes parce qu'elles emploient toute leur énergie à veiller sur elles-mêmes si bien qu'elles n'en ont plus du tout pour accomplir leurs tâches. D'autres le sont aussi parce qu'elles n'arrivent pas à se décider et qu'elles se raccrochent en permanence à leur désir de perfection. Par crainte de commettre une erreur, elles préfèrent ne rien faire. Cette langueur n'est pas une vertu mais plutôt une déficience. Et celui qui vit dans la hâte est tout autant malade. Le mot allemand *Hast* signifie la hâte déclenchée par un trouble intérieur. Pour Jean Climaque, c'est le mal qui est la cause de cette émotion. Les démons, selon lui, s'expriment tout autant dans la lenteur que dans la précipitation. L'important, pour l'homme, est de trouver la juste mesure. Qui agit selon sa mesure atteint son centre et son action le conduit à son être véritable.

Récolter et semer

« *N*E JUGE PAS la journée en fonction de la récolte du soir mais d'après les graines que tu as semées » (Robert Louis Stevenson).

On ne récolte pas tous les jours. Le paysan récolte en été et à l'automne mais pas au printemps. Le soir, en faisant le bilan de ma journée, ce qui m'importe c'est d'avoir vécu en toute conscience et non d'avoir engrangé les succès. Si j'ai pu avoir un vrai dialogue, si j'ai pu aider quelqu'un à se relever, si j'ai été présent à tout ce que j'ai fait, alors je suis reconnaissant. Je sais pourtant que le dialogue n'est qu'une étape, qu'il faudra peut-être le reprendre ; je sais que celui que j'ai aidé retombera dès la prochaine crise. Ce ne sont là que des graines semées et non une véritable récolte que je mettrais dans la grange. Je n'en suis pas moins reconnaissant pour autant d'avoir laissé ma trace singulière dans ce monde. Je ne peux le faire que si j'ai été totalement dans ce que je disais et dans ce que j'entreprenais, si j'ai été vraiment présent dans la rencontre et si j'ai éprouvé la vie telle qu'elle est. Ce que l'on fait en toute conscience laisse toujours des traces. Dans ces sillons, une graine est semée qui germera un jour dans le cœur des êtres que j'ai rencontrés, à qui j'ai parlé, pour lesquels j'ai travaillé et me suis investi. J'ai confiance dans le fait que les mots écrits aujourd'hui, s'ils viennent de mon cœur, finiront par toucher le cœur des autres et que ces graines semées germeront, un jour ou l'autre, chez mes lecteurs

Partager l'argent

$\mathcal{L}$ E PRINCIPE « l'argent mène le monde » est plus que jamais valable. Qui a de l'argent jouit aussi de la puissance et de l'influence. Il peut exercer du pouvoir sur les autres. Chacun connaît les effets de l'argent, mais peu savent ce qu'*est* l'argent. En voici une brève définition : « L'argent consiste en l'accord que les membres d'une société se donnent d'utiliser un moyen d'échange. » L'argent n'est donc pas une valeur en soi, il n'existe qu'au terme d'un contrat. Vu de l'extérieur, l'argent apparaît sans valeur, il n'est qu'une coupure de papier. Pourtant, nous lui attribuons beaucoup de pouvoir. Et le pouvoir qu'a l'argent, c'est nous qui le lui donnons. Il tient donc à nous d'utiliser dans un sens ou dans un autre l'argent. L'élément le plus important dans l'argent c'est qu'il est utile aux êtres humains. Je ne gagne pas de l'argent dans le but de m'enrichir mais pour servir les autres.

L'argent constitue un moyen d'échange, il est donc en rapport à la relation. Seuls ceux qui entrent en relation auront des choses à échanger. L'argent ne devrait pas isoler, comme cela se passe chez les riches qui abritent leur fortune derrière de hautes murailles. L'argent doit être partagé. Alors il constitue un moyen d'établir de nouveaux rapports entre les hommes. Mais seul celui qui est suffisamment détaché de son argent, qui est convaincu que l'argent est utile pour les hommes et non pour conforter sa propre image, pourra le partager. Beaucoup de riches ne font, avec l'argent, que consolider leur masque social. Qui partage son argent laisse tomber son masque pour entrer en relation avec l'autre. Ainsi, pour moi, le véritable défi pour demain n'est pas de diaboliser l'argent, mais de l'utiliser d'une manière spirituelle, avec imagination et créativité. Il faudrait pouvoir l'employer avec détachement, dans le but de servir les autres et d'éveiller la vie en eux.

Donner des fruits

$\mathcal{C}$ OMMENT TA VIE peut-elle donner des fruits ? Il ne s'agit pas, en l'occurrence, d'afficher des performances. Ta vie sera féconde si tu la vis à partir de la source intérieure, de la source de l'Esprit-Saint.

Ne te laisse pas enfermer dans la course à la performance, contraindre à faire tes preuves. L'important est d'entrer en contact avec ta source de vie. Cette source intérieure de l'Esprit-Saint doit irriguer tes passions pour les féconder. Alors ta vie donnera des fruits, tout poussera autour de toi, les hommes commenceront à s'épanouir. Quant à toi, tu te réjouiras avec reconnaissance de ce fruit qui mûrit en toi.

N'essaie pas de te fuir

*L*E FAIT d'être occupé en permanence peut constituer une forme de fuite, une échappatoire à la connaissance de soi. Cela vaut pour les personnes qui, débordées de travail, ne s'accordent pas de temps. Mais c'est aussi valable pour les personnes âgées. Pour Carl Gustav Jung, l'âge facilite l'écoute de soi, permet de se placer devant Dieu et de voir en lui l'accomplissement de sa vie. Aujourd'hui, les seniors passent leur temps à chercher des occupations. Ils voyagent, multiplient les activités. Tout cela est positif, mais si on laisse passer le moment de se recueillir, de se retrouver avec soi-même, quelque chose est perdu.

Selon Carl Gustav Jung, nous avons pour tâche, à partir du milieu de la vie, de tourner notre regard vers l'intérieur pour accéder à notre Moi véritable. Nous devons abandonner la recherche d'un accomplissement dans le monde. Vieillir est un processus sacré qui nécessite un espace de silence. Ainsi, à un homme qui voulait absolument le rencontrer, Jung répondit :

La solitude m'est une source bienfaisante qui fait que la vie me paraît valoir la peine d'être vécue. Parler devient assez souvent pour moi un supplice, et j'ai fréquemment besoin de plusieurs jours de silence pour me remettre de la futilité des mots. Je suis sur le chemin du départ et je ne regarde en arrière que quand je ne peux pas faire autrement. Ce voyage que l'on va entreprendre est en soi déjà une grande aventure, mais pas de celles dont on aurait envie de parler abondamment. [...] Le reste est silence ! Cette vérité devient pour moi de jour en jour plus évidente, le besoin de communication se réduit[16].

La tâche spirituelle de l'âge mûr consiste à méditer sur le mystère de la vie et de la mort. Pour cela, un espace de silence est nécessaire. Celui qui occupe sa vieillesse par mille activités gâche la possibilité que son âge lui donne d'atteindre une plus haute maturité.

La leçon des lys

*O*BSERVEZ les lys des champs, comme ils poussent : ils ne peinent ni ne filent. Or, je vous dis que Salomon lui-même, dans toute sa gloire, n'a pas été vêtu comme l'un d'eux. » Que peuvent signifier pour nous, aujourd'hui, ces mots de Jésus, tirés du Sermon sur

la Montagne et rapportés par Matthieu
(6, 28-29) ?

À l'époque de Jésus, il existait déjà des
êtres qui vivaient en permanence dans la
précipitation, accablés de soucis et qui se
jetaient dans le travail par crainte de
n'avoir pas assez. Jésus nous renvoie aux
lys des champs, mieux vêtus que Salomon qui emploie d'innombrables serviteurs. Ernst Bloch, philosophe athée, voit
dans cette parabole de Jésus l'expression
d'un certain romantisme vis-à-vis de
l'économie. Pour lui, Jésus n'avait
aucune idée des rapports économiques.
Mais Jésus se refuse à identifier vie et travail. La vie dépasse le travail, elle est
aussi l'occasion de se réjouir de ce qui
pousse tout simplement dans les champs
comme dans l'intimité de notre cœur.
L'être humain doit se procurer nourriture et vêtement, c'est là la motivation
première de son travail. Pourtant, avant
de gagner de quoi se procurer ce nécessaire, nous devrions voir que Dieu nous
l'offre. Les vêtements ne peuvent mettre
en valeur que la beauté déjà donnée par
Dieu. Aucun vêtement ne rendra beau
quelqu'un de laid. La beauté véritable de
l'être humain vient de Dieu comme celle
des lys. Avant de nous affairer nous
devrions d'abord mesurer tout ce que
Dieu nous offre jour après jour. Notre
travail recevra, alors, sa véritable
mesure : nous ne serons pas déterminés

par lui et il deviendra l'expression de notre créativité. Il ne viendra pas dans le but de combler une angoisse mais émanera de la joie que nous trouvons dans la création. Il sera partie intégrante de notre vie, difficultés incluses, mais il cessera de la dominer.

Trouve ta mesure

CHACUN a sa mesure personnelle. Quelle est la tienne ? Dans quelles conditions la dépasses-tu ? Dans quelles circonstances as-tu pris conscience que tu n'étais plus le maître de ta vie ? Il est important de trouver sa propre mesure. Être en cohérence avec soi-même en est un signe. Lorsque tu es en accord avec toi-même, lorsque tu atteins la paix intérieure, tu sais ce qui est bon pour toi. Et si tu vis selon ta mesure ta vie sera féconde. Rien ne sert de se comparer aux autres, il faut s'engager avec courage dans la recherche de sa propre mesure. La vie sera alors fertile et deviendra une bénédiction pour les autres.

Quel est ton but ?

NOUS PERDONS trop souvent des yeux, distraits que nous sommes par nos multiples activités, le véritable but de notre vie. Quel est le but de ta vie ? Peux-tu le formuler en quelques mots ? Le psaume 34, 15 dit : « Recherche la paix et poursuis-la. » Comment décrirais-tu ton objectif ? Le poursuis-tu ? Donne-toi un but et tu verras qu'il est capable de rassembler toutes tes forces. Il te donnera aussi une vision lucide et une détermination nouvelle.

Vise la profondeur
dans toutes les relations

Reste toi-même et deviens
une bénédiction pour les autres

De la profondeur
dans les relations

LA TRANSCENDANCE n'est pas au-delà du monde terrestre. Elle est la dimension mystérieuse, le fondement de tout ce qui est. Elle est l'incursion du divin dans l'ici-bas. Quand j'examine une fleur, conscient de sa beauté, je découvre le mystère du divin. La fleur n'est pas seulement matière, forme agréable ; en elle s'exprime aussi la force créatrice de Dieu. Dans une relation humaine, je ressens non seulement la personnalité de l'autre, l'amitié ou l'amour qui peut nous réunir, mais aussi le mystère de l'amour divin. Et ce mystère nous dépasse tous deux. La transcendance ne vient pas de l'extérieur mais de la relation elle-même. Elle est la profondeur secrète au cœur de toute relation, un mystère présent en tout.

La relation au transcendant a pour conséquence que tout lien humain n'est jamais ennuyeux. En dépit des limites propres à chacun, le mystère divin donne un caractère illimité, inépuisable et infini à chaque relation humaine. De la même manière que je ne cesse de m'étonner devant la beauté de la nature ou devant le mystère de la vie, je ne peux manquer d'être émerveillé en présence d'humains. Oubliant la relation à la transcendance, je risque de ne voir dans la nature ou en l'autre qu'un objet que je peux utiliser. En ce qui concerne les êtres humains, je peux en arriver à les juger et à les étiqueter. Leur singularité de vivant m'échappe. Je ne les apprécie pas à leur juste valeur. La relation à la transcendance permet donc aux relations humaines d'être plus justes et plus vraies.

Reste toi-même
Protège-toi

« QUI VEUT vraiment trouver des imperfections peut aussi bien les trouver au Paradis » (Henry Thoreau).

Il existe des personnes qui ne peuvent s'empêcher de trouver toujours un cheveu sur la soupe et qui trouveraient des failles, des défauts même au Paradis. Même là elles trouveraient quelque chose à redire. D'où vient une telle attitude ? Probablement du fait qu'elles ne sont pas satisfaites d'elles-mêmes. Faute d'être en paix avec elles-mêmes, rien ne peut les satisfaire. Quand elles se trouvent en présence de gens qui admirent, elles deviennent envieuses. Elles ressentent le besoin de détruire ce qui réjouit et émerveille autrui. Elles ne peuvent trouver de satisfaction nulle part, ni en présence des hommes, ni en Enfer, ni au Paradis. Il est difficile de vivre dans l'entourage de ces personnes qui ne cessent de critiquer, car elles éprouvent le besoin de tirer vers le bas tous ceux qui les côtoient. Elles répandent autour d'elles l'amertume, la frustration et la plainte perpétuelle.

Face à ces personnes, nous ne pouvons que faire barrage pour nous protéger. Il faut éviter qu'elles ne nous contaminent par leur insatisfaction chronique. Faire barrage ne veut pas dire condamner. Il est possible de prendre des distances en disant, par exemple : « Tu peux être toi-même, voir le monde comme tu le vois, mais je refuse d'accepter ce point de vue. Je renonce aussi à te convaincre du contraire, car je sais que je n'y arriverai pas. Je te laisse tes opinions mais je garde les miennes et reste moi-même. »

Ne pas se comparer aux autres

« *Où que tu ailles*, ne te compare pas aux autres et tu trouveras la sérénité » (*abba* Poemen).

Dès que nous intégrons un groupe commencent les comparaisons. Chacun a tendance à se poser ces questions : « Les autres sont-ils plus beaux, plus intelligents, plus à l'aise que moi ? Leur présence est-elle plus charismatique ? Sont-ils plus avancés que moi sur le chemin spirituel ? » Tant que je me compare aux autres, je ne peux trouver la paix. Je ne peux que me dévaloriser ou dévaloriser les autres. Je ne peux être moi-même, je n'existe qu'en fonction des autres. Il faut donc cesser de se comparer aux autres. Confronté à moi-même, je serai alors invité à me réconcilier avec ce que je suis en vérité. Renoncer à la comparaison avec les autres me conduit à être reconnaissant pour ce que Dieu m'a donné et pour ce que chaque instant m'apporte. Je suis moi-même, je suis là, dans l'instant, et c'est ainsi que je peux trouver la sérénité. Être serein signifie être là, en harmonie avec soi et jouir de l'instant dans la paix.

L'absence de jugement

*U*N DES TRAITS d'une ascèse aboutie est le fait que le moine ne juge pas. Il peut jeûner tant et plus, travailler sans répit, s'il juge encore tout cela aura été vain. L'ascèse ne l'aura conduit qu'à se mettre au-dessus des autres. Elle aura servi à flatter son amour-propre. Celui qui, dans l'ascèse, est allé jusqu'au plus profond de lui-même, a supporté de rester dans sa cellule même lorsque le refoulé revenait à la surface, a perdu le besoin de juger les autres. Ainsi, nombre de paroles des Pères exhortent à persévérer dans la confrontation avec soi-même afin de se départir de tout jugement. Par exemple :

> *Abba* Joseph interrogea *abba* Poemen en disant : « Dis-moi comment devenir moine. » Le vieillard répondit : « Si tu veux trouver du repos ici-bas et dans le siècle à venir, dis en toute occasion : "Moi, qui suis-je ?" Et ne juge personne. »

Ne porte pas de jugement

Selon les Pères du désert, ne pas juger aide aussi à trouver la paix intérieure. En cessant de porter des jugements sur les autres, nous contribuons à notre sérénité.

> *Abba* Poemen était interrogé par un frère : « Que dois-je faire, père, je suis abattu par la tristesse ? » Le vieillard lui répondit : « Ne méprise personne, ne juge personne, ne calomnie personne et le Seigneur te procurera le repos. »

Juger ne procure pas la sérénité. En condamnant l'autre, nous pressentons que nous-mêmes sommes imparfaits. Ainsi, renoncer au jugement, à la condamnation conduit à la paix intérieure : nous laissons les autres être ce qu'ils sont et nous pouvons, nous aussi, être ce que nous sommes.

> Un vieux Père à qui un frère demandait : « Pourquoi suis-je porté, si souvent, à juger mes frères ? » répondit : « Parce que tu ne te connais pas encore toi-même. Car celui qui se connaît ne voit pas les défauts de ses frères. »

La voie du silence

*L*E SILENCE conduit à la rencontre avec soi-même et à la découverte de la vérité inscrite au fond de son cœur. Il est aussi un moyen de se détacher de la tendance à juger les autres. Nous sommes portés, en permanence, à évaluer, à apprécier et à cataloguer les personnes que nous rencontrons. Et le plus souvent nous en arrivons à les condamner. Le silence nous évite d'en arriver là. Il nous confronte à nous-mêmes et nous empêche de projeter notre part d'ombre sur les autres.

Distance et proximité

*L*ES PENSÉES et les sentiments peuvent jouer un rôle déterminant dans notre vie. Cette dernière peut être dominée par la colère et le ressentiment. Il est important de prendre nos sentiments au sérieux et de ne pas les rejeter *a priori*. Ils ont tous leur raison d'être, y compris la colère. Reste à les considérer de manière appropriée. L'agressivité traduit un mauvais ajustement entre distance et proximité. Nous devenons agressifs lorsque nous avons besoin de prendre plus de distance vis-à-vis des autres et lorsque nous prenons conscience que nous leur avons donné trop d'emprise sur nous.

Il m'est arrivé, par piété, d'avoir laissé peu de place à mes propres sentiments. Ainsi, lors de la confession, si je ressens de l'irritation parce que ce que j'entends me perturbe, je me ressaisis en me disant : « L'autre n'y est pour rien. Je suis prêtre, je me dois donc d'être disponible. » Pourtant, un jour, un frère m'a dit - et à juste titre : « Ne néglige pas ta colère, faute de quoi tu la retourneras contre tout le monde. »

J'ai connu des personnes qui étaient, à l'époque de leur jeunesse, enthousiastes et qui sont devenues brutalement pessimistes et destructrices. Cela est dû, à mon sens, au fait que ces personnes, parce qu'elles n'ont pas pris leur colère au sérieux, ont accablé leur entourage de leur hargne. Nous devons tout faire pour ne pas en arriver là. Et cela, pour les autres tout autant que pour nous-mêmes.

La colère fait du bien,
la fureur détruit

*L*A COLÈRE constitue une force puissante qui peut contribuer à nous libérer de souvenirs négatifs et de personnes qui nous ont traumatisés. Tant que nos blessures restent au centre de nos préoccupations, nous attribuons à ceux qui nous ont blessés un pouvoir sur nous. Certaines personnes semblent ainsi se complaire dans leur malheur. Lorsque je peux exprimer ma colère contre l'auteur de mes souffrances, il m'est possible de prendre du recul et de distinguer entre les problèmes de l'autre et les miens. La colère constitue la première étape sur le chemin de la guérison et de la libération.

Mais nous ne devons pas nous laisser enfermer dans la colère. Il est utile, par exemple, de regarder en face, avant de s'endormir, la colère qui nous habite afin de pouvoir nous en décharger, faute de quoi elle risque de s'infiltrer dans nos rêves et de contaminer notre inconscient. Le lendemain, elle s'exprimerait alors sous la forme d'une insatisfaction diffuse. Lorsque nous embarquons notre colère avec nous pour la nuit, elle a toutes les chances d'orienter notre inconscient et de faire en sorte que nous soyons sous l'emprise de l'irritation et de la rancœur. Ne laisse pas le soleil se coucher sur ta fureur, sinon, durant le repos nocturne, les démons surgiront, te feront peur et te priveront des forces dont tu auras besoin pour le combat du lendemain. En effet, les chimères nocturnes naissent généralement sous l'impulsion de la fureur. Et rien n'empêche plus l'être humain de faire front que l'absence de contrôle de ses passions.

Une fois que la fureur a contaminé son inconscient, l'homme se voit livré sans défense à elle et cela le détruit.

Le silence guérit

*L*E SILENCE constitue la voie spirituelle par excellence. Dans le silence, nous allons à la rencontre de nous-mêmes et de notre réalité intérieure. Mais le silence est aussi un moyen de nous défaire des pensées qui occupent en permanence notre esprit. Il s'agit là non du silence environnant mais du silence du cœur. Pour autant, le silence peut constituer une aide pour atteindre la paix du cœur, c'est-à-dire faire taire les passions afin que nous ne soyons plus sous leur emprise.

Dire ce qui nous blesse est certainement un bon moyen de guérir. La psychothérapie en constitue la meilleure preuve. Mais le silence est aussi un remède. Dans le silence, nos passions cessent de se déchaîner.

Alors, la tempête se calme et le cœur se purifie à l'image du vin trouble qui devient plus clair quand on le laisse reposer.

Que faire ?

OUR les premiers moines, le chemin de la vie spirituelle était balisé d'exercices pratiques. Les conseils que donnaient les plus anciens aux nouveaux venus en quête de l'essence de la vie monastique peuvent se résumer à ces principales recommandations.

> Un frère qui vivait en communauté demanda à *abba* Bessarion : « Que faire ? » Et le vieillard lui répondit : « Garde le silence et ne te mesure pas aux autres. »

Un autre exercice nous est recommandé par Antoine :

> *Abba* Pambo demanda à *abba* Antoine : « Que faire ? » Le vieillard lui dit : « Ne

mets pas ta confiance en ta propre justice, et deviens maître de ta langue et de ton ventre. »

N'envie surtout pas

L'ENVIE se manifeste dans la comparaison perpétuelle avec les autres. Je ne peux rencontrer quelqu'un sans me sentir obligé de me comparer à lui. Tout de suite je le jauge, l'évalue, l'estime, en bien ou en mal. Souvent, je le fais dans le but de me mettre au-dessus de lui. Je remarque immédiatement ses points faibles, je le considère comme mal à l'aise, emprunté, je juge ses réussites factices et je le déprécie intellectuellement. Il peut arriver, à l'inverse, que je me sous-estime en plaçant l'autre sur un piédestal.

L'envie ne m'apporte ni la satisfaction escomptée, ni l'estime de moi-même, ni un surplus de dignité. Et cela parce que je ne reconnais ma valeur qu'en me comparant aux autres. J'en suis réduit, par cette contrainte, soit à devoir dépasser les autres, soit, si je ne me sens pas à la hauteur, à sombrer dans la dépression.

La rencontre ?
Une chance

C HACUN a pu faire l'expérience de la transformation opérée par une conversation ou une rencontre sur les deux protagonistes. Dans cette circonstance propice, ils sentent tous deux que leur personnalité tout entière a un sens. Thomas d'Aquin a pu dire que chaque être humain constituait une expression singulière de Dieu. Et, en effet, le monde serait plus pauvre si chacun d'entre nous ne rendait pas Dieu visible et perceptible en ce monde d'une manière unique et personnelle. C'est ainsi que se produit la métamorphose.

Tu peux toi aussi être témoin de ce merveilleux processus de transformation, et même y prendre part. Ainsi, tu contribueras à transformer le chaos en ordre, l'obscurité en lumière, la maladie en santé. Ce qui était refoulé, rejeté, se transformera en une image pure de Dieu. Qui prend conscience de cela, au plus profond de lui-même, découvre sa vocation, s'ouvre à son charisme et entend la parole qu'il est seul à pouvoir faire résonner en ce monde.

Aider les autres à se relever

*L*A GUÉRISON de la femme infirme, rapportée par l'Évangile de Luc (au chapitre 13), donne, à mon sens, une bonne image du comportement que nous devrions avoir les uns envers les autres. Lorsque nous sommes résignés, lorsque nous ployons sous le fardeau de la vie, opprimés par les autres, oppressés par nos problèmes, il est bon de revenir à cette image. Le dos représente, pour tout le monde, une partie sensible du corps. Pour beaucoup, le dos cristallise tous les sentiments refoulés, non dépassés. Le mal de dos traduit souvent les émotions que nous n'avons pas exprimées. Quelqu'un me disait, un jour, que toutes les larmes qu'il n'avait pas versées s'étaient concentrées dans son dos. Le dos a aussi à voir avec la colonne vertébrale. Cet épisode de l'Évangile de Luc évoque deux personnes qui n'ont pas de « colonne vertébrale ». Une femme, d'abord, à qui l'on a « brisé » la colonne vertébrale, puis le chef de la synagogue, qui a remplacé sa « colonne » manquante par un ersatz. Pour les psychologues, l'absence de figure paternelle – celle qui donne le courage de prendre des risques, donc renforce la « colonne vertébrale » – conduit à rechercher un ersatz de père, que beaucoup trouvent sous la forme de l'idéologie ou de la norme. Le chef de la synagogue s'abrite derrière la loi. S'il paraît solide aux yeux des autres, il n'a pourtant pas de colonne vertébrale. Jésus ne peut le guérir. Il en va tout autrement avec la femme courbée. Il la remarque, lui accorde sa considération en l'exhortant à venir vers lui, à sortir de son isolement. Il s'adresse à elle, et plus exactement à ce qu'il y a de bon en elle : « Femme, tu possèdes une dignité et une valeur que nul ne peut t'enlever. Tu es forte et bonne. » Aux mots, Jésus ajoute le contact des mains. Là, la femme se redresse. Pour moi, cet épisode est une image de ce que chacun pourrait faire aujourd'hui : aider les autres à se relever. Nous ressentons, nous aussi, la délivrance lorsque nous prêtons attention aux autres et que nous les aidons à se relever, lorsqu'ils prennent conscience de la dignité qu'ils tiennent de Dieu et lorsqu'ils reconnaissent que leur personnalité dépasse le simple accomplissement d'un devoir. C'est parce que les gens se sentent pris en considération que tout cela peut se produire. La vie coule alors à profusion.

Conseiller, à ton tour

*N*OUS RESSENTONS souvent le besoin de cacher nos blessures. Toi aussi, peut-être, refuses-tu d'en faire part aux autres. Tu crains qu'en parler ne te rende plus vulnérable, critiquable, méprisable et conduise les autres à te repousser. Pourtant, c'est le contraire qui se produira. Si tu trouves le courage de montrer tes blessures, tu rencontreras des personnes qui viendront vers toi et évoqueront, à leur tour, leurs propres blessures. Alors, tu pourras conseiller les autres. Ta blessure deviendra perle précieuse, pour toi comme pour les autres.

Pour autant, tu ne dois pas montrer tes blessures à tout le monde. Tu dois les recouvrir pour les protéger des regards indiscrets.

Il faut savoir quand montrer ses blessures et quand les cacher.

Susciter la joie de vivre

*Q*UI EXERCE une responsabilité vis-à-vis des autres peut la considérer de différentes manières. Il peut rabaisser les autres dans le but de se grandir. Il peut s'entourer de personnes dépendantes de lui, dont la préoccupation essentielle sera d'admirer le « chef ». Mais en rabaissant les autres, je ne peux pas attendre grand-chose d'eux. Rien ne peut naître de créatif dans un monde de nains courtisans. Pour moi, responsabilité et conduite des hommes signifient capacité à éveiller et à faire jaillir la vie. Pour cela, je dois pouvoir me mettre dans la peau de chacun, prendre conscience de ce qui le fait souffrir, de ce qui le pousse à agir et du potentiel dont il est porteur. Je dois être capable de sentir qui est l'autre et de découvrir la clé qui me donnera accès à sa richesse intérieure. Qui éveille la vie chez les autres contribue à donner un sens à sa vie. Il sert ainsi la vie ; il développe la joie et l'envie de vivre. Il ne fait que suivre le commandement divin : « Aime ton prochain comme toi-même. »

Pardonner

« *L*E FAIBLE ne peut pardonner. Pardonner appartient aux forts. » Ces mots sont du Mahatma Gandhi, cet hindou rempli de piété, dont l'esprit de conciliation et la volonté étaient si forts qu'il a réussi à mettre à genoux une puissance mondiale et qu'il a fini par écrire une page de l'histoire universelle. Dans son engagement, il n'hésitait d'ailleurs pas à faire référence à Jésus.

Pour de nombreux chrétiens, devoir pardonner à ceux qui les ont blessés représente un obstacle difficile à surmonter. Le pardon prend le goût de la résignation : « Je ne dois pas me mettre en colère, il me faut pardonner. » Pourtant, le pardon n'est pas l'expression de la faiblesse mais celle de la force.

Je ne peux pardonner que si j'ai, au fond de moi, pris des distances par rapport à l'autre. Pour cela, l'agressivité m'est nécessaire ; cette force intérieure me permet de rejeter l'autre hors de moi.

Le deuxième pas du pardon consiste à déposer la blessure chez l'autre. Pardonner signifie me débarrasser de ce que l'autre m'a fait, afin d'être déchargé de ce poids.

Le troisième pas sera de tenter de comprendre l'autre. Si j'y parviens, le pardon ne relève plus du devoir contraignant, auquel je me soumets pour obéir au commandement de Jésus, mais de l'acte de libération. Quand je comprends que l'autre m'a blessé parce qu'il est lui-même un « enfant blessé », parce qu'il m'a transmis ses propres blessures, alors il n'a plus d'emprise sur moi.

Tant que je ne peux pas pardonner, je

reste lié à l'autre. Le pardon me libère. Certaines personnes vont jusqu'à se rendre malades de ne pouvoir pardonner. Pour pardonner, il faut avoir atteint un équilibre suffisant. En même temps, le pardon conduit à la force, à la lucidité et à la liberté intérieure.

S'exercer à la miséricorde

« *L*'HOMME miséricordieux fait du bien à soi-même » : cette affirmation se trouve dans la Bible (Proverbes 11, 17). Allan Luks a parlé, dans un langage plus contemporain, de la « plus-value du bien » : celui qui aide les autres s'aide aussi lui-même.

Le contraire est également vrai : qui traite mal les autres se fait du mal à lui-même. Lorsque je m'emporte contre quelqu'un, je me blesse par la même occasion. Au fond, je cherche à recouvrir de mes cris la part de tendresse enfouie au plus profond de moi. Mais cela nuit à mon âme. En revanche, être miséricordieux envers les autres équivaut à l'être aussi pour moi-même. Cela veut dire ouvrir mon cœur au pauvre, à l'orphelin, au malheureux que je porte en moi. Je connais aussi des personnes qui, tout en étant miséricordieuses envers les autres, sont dures et exigeantes envers elles-mêmes. Pour elles, la miséricorde ne vient pas vraiment du cœur, elle naît de leur volonté. Leurs marques de miséricorde ne sont pas reçues par les destinataires comme de la compassion, mais plutôt comme source de culpabilité et de mauvaise conscience. Face à ce genre de « compassion », je ne peux me sentir bien. Je ne peux la trouver bénéfique que si son auteur se montre miséricordieux avec lui-même. Alors, la miséricorde sera réciproque, elle sera bénéfique autant pour son auteur que pour moi. Nos deux cœurs cesseront d'être dans le jugement et l'exigence pour entrer dans l'ouverture et la miséricorde.

Faire le bien

*L*E PHILOSOPHE et orateur romain Cicéron disait : « L'homme n'est jamais aussi proche des dieux que lorsqu'il fait du bien à son prochain. » Il a reconnu que l'amour du prochain rapprochait de la divinité avant la naissance du Christ et sans référence à la théologie juive. Qui fait le bien découvre, en l'autre, sa part de divin et entre en contact avec son propre noyau divin. Dans l'action de faire le bien, il prend conscience qu'il participe à l'amour de Dieu. C'est en cela que consiste sa plus profonde dignité.

Aider

« *L*'ÂME qui bénit prospérera, et qui abreuve sera abreuvé » (Proverbes 11, 25).

Lors de la parution d'un livre du psychologue Wolfgang Schmidbauer[17], il était de bon ton de s'interroger sur ce que représentait l'acte d'aider. Certaines personnes aident les autres, alors qu'elles ont elles-mêmes besoin d'aide. En transférant leur détresse vers l'extérieur, elles espèrent être sauvées. D'autres tirent profit de l'aide qu'elles apportent pour exercer un pouvoir. Pourtant, l'aide véritable existe aussi. D'ailleurs, l'aide n'a pas besoin d'être absolument pure, comme si nous aidions pour des raisons toujours nobles. Celui qui aide reçoit aussi en retour. Le livre biblique des Proverbes l'exprime de façon réaliste : qui aide sera « abreuvé ».

Un récit des premiers moines rapporte l'image des graines petites et malsaines que nous semons. Nous ne sommes jamais en possession de graines suffisamment saines. Pourtant, au lieu d'attendre que notre motivation soit tout à fait pure, il vaut mieux semer les graines malsaines afin de pouvoir nous nourrir. Celui qui s'interroge en permanence sur tout ce qu'il fait reste dans l'incapacité d'agir et donc d'être, pour lui et pour les autres, une bénédiction. Je peux, lorsque j'aide quelqu'un, concevoir avec reconnaissance que cela me fait du bien, à moi aussi, de recevoir quelque chose en retour.

L'eau calme

S'ACCEPTER soi-même est la condition de tout progrès spirituel en même temps qu'un signe de maturité. Tout homme qui fait preuve de maturité a le courage de s'accepter et de regarder sa vérité en face. Un récit des Pères du désert compare le fait de rester dans sa « cellule » à l'eau calme dans laquelle il est possible de voir son visage :

Trois *philoponoi* [membres de confréries religieuses], amis entre eux, se firent moines. Le premier choisit de pacifier ceux

qui se battent, selon ce qui est écrit :
« Heureux les artisans de paix. » Le
deuxième choisit de visiter les malades.
Et le troisième alla vivre dans le recueille-
ment au désert. Or le premier, bien que
se donnant de la peine à cause des
combats des hommes, ne put pas les guérir tous ; pris de dégoût, il s'en alla chez
celui qui servait les malades et le trouva
lui aussi déprimé et ne parvenant pas à
accomplir pleinement le commandement.
D'un commun accord, ils allèrent tous
deux voir l'ermite, lui expliquèrent leur
peine et lui demandèrent de leur dire ce
qu'il réussissait. Après un court silence, il
met de l'eau dans une cuvette et leur dit :
« Regardez l'eau. » Elle était agitée. Un
peu plus tard, il leur dit de nouveau :
« Regardez comme maintenant l'eau s'est
calmée. » Et lorsqu'ils regardèrent l'eau,
ils virent leur visage comme en un miroir.
Il leur dit alors : « Tel est celui qui est
au milieu des hommes : le trouble l'empêche de voir ses fautes ; mais lorsqu'il se
recueille, et surtout au désert, alors il voit
ses propres manquements. »

Il ne s'agit pas, dans ce récit, d'une
condamnation de l'amour du prochain.
C'est plutôt la mise en évidence d'un
danger qui se cache derrière la volonté
d'aider. On peut s'imaginer que l'on va
pouvoir aider le monde entier. Et un
désir d'omnipotence se cache derrière
cette aspiration. Nous avons besoin, dans

tout ce que nous faisons, d'endurance et de rester, en silence, dans notre « cellule ». Ainsi, l'eau de notre « récipient » se stabilisera et nous pourrons y lire notre vérité.

Le souci de soi

C ERTAINES personnes se sacrifient pour les autres et s'oublient. Je leur dis : « Prenez soin aussi de votre bien-être. » Mais à celui qui ne se préoccupe que de lui-même et de son bien-être, je ne peux que conseiller, à l'inverse : « Va vers les autres, comprends-les. Aide-les chaque fois que tu le peux, donne-leur toute ton attention. »

Vivre bien signifie toujours être en relation. Qui ne s'intéresse qu'à lui-même ne se fait pas vraiment du bien. Seul celui qui aime reçoit, en retour, de l'amour. Ceux qui ont réellement aidé les autres savent bien que le bonheur de ceux que nous avons aidés rayonne sur nous.

Partager

« *L*E GOÛT du pain partagé est sans égal », dit Antoine de Saint-Exupéry.

Nous savons tous que le pain est meilleur quand il est partagé. Si nous sommes en randonnée et que l'un des randonneurs a oublié de prendre du pain, nous partageons le nôtre avec lui et tous ensemble nous le trouvons meilleur. De toute évidence, le goût du pain ne tient pas seulement à sa fabrication mais aussi à l'amour que nous mettons à le donner. Partager le pain, c'est aussi faire naître la communauté. Au moment de l'eucharistie, le prêtre rompt le pain et le distribue. Il répète le geste de Jésus lors de la Cène : « Et tandis qu'ils mangeaient, il prit du pain, le bénit, le rompit et le leur donna en disant : "Prenez, ceci est mon corps." » Les disciples ont mangé, dans ce pain rompu et béni, le corps même de Jésus, qui les a aimés jusqu'au bout, qui s'est laissé « rompre » pour eux, afin que leur vie ne se brise pas. Jésus a montré l'exemple du partage afin qu'ils vivent avec les autres d'une manière nouvelle.

Guérir

Q UAND, dans une rencontre ou à l'occasion d'une salutation, les autres sentent que tu les prends en considération, c'est un peu de ce qui s'est passé avec Jésus que tu reproduis. La guérison, aujourd'hui encore, se produit de la même manière : par notre intermédiaire et quand bien même nous n'y aurions aucun mérite. Par notre acceptation inconditionnelle, des personnes qui ne s'acceptent pas elles-mêmes, qui se sentent rejetées, trouvent ainsi la possibilité de consentir à ce qu'elles sont. Alors nous pouvons éveiller à nouveau à la vie des personnes paralysées, entravées, inhibées. Nous réussissons parfois à faire en sorte que des personnes qui ont du mal à s'exprimer, qui n'ont aucune oreille à laquelle confier ce qui les anime profondément, en viennent à parler. De la même manière, il nous arrive de faire que des personnes renfermées sur elles-mêmes finissent par ouvrir leur cœur et se laissent toucher par une parole. Ou encore, des personnes qui se morfondent dans la culpabilité apprennent ce qu'est le pardon et se libèrent de leur tendance à l'autodestruction. Ce genre de miracles se produit assez souvent, aujourd'hui, sans que nous y soyons pour grand-chose mais parce que Dieu fait de nous, faibles humains, l'instrument par lequel il guérit et libère d'autres humains. Nous sommes ainsi les vecteurs de la vie venue de Dieu, ce dont nous ne pouvons que nous étonner avec reconnaissance.

Instaurer la paix

NOUS RECHERCHONS tous la paix. Tu ne réussiras pas à instaurer la paix si tu n'inclus pas dans ta démarche ton penchant pour la confrontation. Parfois, cette capacité à être agressif peut servir à imposer la paix. Parfois aussi, elle traduit une insatisfaction personnelle. Quand des êtres humains veulent, après s'être entre-déchirés, instaurer la paix, ils ont toutes les chances de ne pas y arriver. La paix ne peut naître si l'on étouffe et refoule l'agressivité. Tu dois prendre en considération ton côté agressif et l'intégrer à ton action pour trouver la paix avec toi-même et avec les autres. Quand tu éprouveras la paix intérieure, tu seras en mesure de la diffuser autour de toi.

La responsabilité

*N*E PAS SE SENTIR responsable de sa vie et du monde qui nous entoure est confortable. Mais nous ne pouvons, durant toute notre vie, rendre les autres responsables de nos difficultés. Il nous faut bien, un jour ou l'autre, décider d'assumer la responsabilité de notre vie. Naturellement, chacun connaît la tentation d'éviter les problèmes et de fuir devant les difficultés. Pourtant, nous avons tous pu faire l'expérience d'un climat empoisonné, dans une entreprise ou dans une communauté, parce que la personne qui en avait la charge refusait de regarder les problèmes en face et d'affronter les conflits. En revanche, lorsque quelqu'un prend les problèmes à bras-le-corps, l'atmosphère peut changer complètement.

En ce qui te concerne, es-tu capable d'affronter les conflits ? Préfères-tu évacuer les problèmes ? Tous, nous avons besoin de l'Esprit qui nous rend aptes à appréhender les situations délicates. Si tu es animé par l'Esprit, tu ne fuis plus tes problèmes personnels ou ceux de ton entourage, mais tu t'en saisis pour les tirer au clair.

Chacun de nous est tout à la fois dirigeant et dirigé. Réussir à diriger des hommes est, dans des domaines les plus divers, une question décisive. Les uns s'y prennent avec autorité, les autres repoussent les difficultés et se soumettent à l'opinion générale. Pense à une situation dans laquelle on te demande de montrer tes capacités à diriger. Fais preuve de détermination là où l'on a besoin que tu diriges. Sois conscient de ta responsabilité, ose prendre les choses en main si des conflits surgissent autour de toi. Au lieu de te plaindre que tout est difficile, prends l'initiative et organise, d'une main ferme et énergique, le chaos.

Aller vers les autres

*N*OMBREUX sont ceux qui estiment aujourd'hui qu'ils doivent en premier lieu se protéger afin de ne pas être envahis par les autres. Mais souvent, ils se sentent prisonniers dans ces limites et laissent mourir la vie en eux.

Aie le courage d'aller vers les autres, non pour te donner bonne conscience mais animé par ta liberté intérieure ! Fais preuve d'imagination en cherchant comment apporter de la joie aux hommes que tu rencontres. Les roses avec lesquelles tu ornes la vie des autres ne répandent pas leur parfum uniquement pour eux mais aussi pour toi. Elles remplissent ton cœur d'amour et de joie.

En allant vers les autres, quelque chose se met en mouvement en toi qui te mènera à la liberté et à l'ouverture. C'était le mystère de la vie de sainte Élisabeth – la légende du miracle des roses le rapporte –, cela pourrait aussi devenir le mystère de ta propre vie.

Deviens une bénédiction

*L*A DÉTRESSE est aujourd'hui omniprésente. Peut-être te demandes-tu comment l'atténuer. Mais tu en viens vite à te dire : « Je n'ai rien à offrir, je n'ai aucune compétence particulière en ce domaine. » Pourtant, tu peux devenir, tel que tu es maintenant, une source de bénédiction. Tu n'as nul besoin, pour cela, de talent particulier. Aie foi dans la capacité que Dieu t'a donnée d'être une bénédiction pour les autres. Et cherche la voie qui peut t'y conduire. Lorsque tu vis de manière authentique et que tu es sensible au besoin qu'ont les autres de toi, ta vie devient féconde.

*Considère l'amitié
comme un cadeau*

*Laisse résonner la mélodie
de ton cœur*

Un cadeau

E N PLUS de l'amour, l'amitié est nécessaire à l'homme pour la vitalité de son âme. Les poètes et les philosophes, dans l'Antiquité, considéraient l'amitié comme un trésor. Ils en chantaient les louanges et la mettaient au centre de leur propre vie. Pour les philosophes grecs, l'amitié est aussi une expression de la vertu. Pythagore, lui-même à la tête d'un cercle de philosophes prônant l'amitié, nomme cette dernière mère de toutes les vertus. Seuls des hommes lucides quant à leur être le plus profond sont capables d'amitié. Celui qui ne cesse de tourner autour de lui-même, qui reste prisonnier de soi, ne peut sceller aucune amitié. Nous connaissons, certes, tous les conditions qui favorisent la naissance d'une véritable amitié, mais nous savons bien aussi qu'elle est un don de Dieu. Ainsi, Platon, le plus grand des philosophes grecs, a pu dire : « Dieu fait les amis ; il conduit l'ami à l'ami. »

En fin de compte, c'est une puissance transcendante qui pousse à se rencontrer des êtres humains dont l'âme vibre au diapason. Les amis ne comprennent souvent pas eux-mêmes pourquoi ils sont devenus amis et comment est née leur amitié. La naissance d'une amitié relève du mystère : elle existe, tout à coup. La porte de mon cœur s'est ouverte pour une personne qui est justement cet être-là.

Harmonie

*A*RISTOTE recense trois catégories d'amitié : l'amitié intéressée, l'amitié au nom du plaisir, l'amitié au nom du bien. Pour lui, les deux premières relèvent de l'égoïsme et ne résistent pas au temps. Seules les amitiés scellées au nom du bien durent et méritent vraiment le nom d'amitiés. Dans ces dernières, il apparaît clairement que les deux amis recherchent la même chose ou – comme dit Aristote – qu'ils ont « tout en commun ». Les philosophes romains Cicéron et Sénèque vont plus loin qu'Aristote : pour eux, l'amitié est accord en toute chose, tant dans le domaine sacré que dans le domaine profane. Cette harmonie est liée à la bonne volonté et à la sympathie. Pour Cicéron, « vouloir la même chose comme refuser la même chose » est caractéristique de l'amitié.

Comme le soleil

*C*OMME LE SOLEIL, l'amitié illumine la vie de l'homme. Cicéron le remarquait déjà : « Ils privent l'univers de soleil ceux qui ôtent l'amitié de la vie. »

Sans amitié, la vie s'assombrit et la joie s'enfuit. Les psychologues le savent bien, eux qui constatent combien les êtres privés d'amis souffrent plus durement des coups du sort et des crises. Ils restent, parfois, incapables de se défaire d'une profonde souffrance. C'est justement dans la souffrance que nous comptons les véritables amis, ceux qui restent fidèlement à nos côtés. Cicéron le disait ainsi : « *Amicus certus in re incerta cernitur* », « C'est dans le danger que l'on reconnaît ses amis véritables ».

Se taire et s'étonner

« *N*OS MEILLEURS AMIS sont ceux avec qui nous pouvons partager en silence. » Cette sentence est d'une profonde sagesse car elle vise juste. La conversation est indissociable de l'amitié. Dans la conversation, chacun se rapproche du mystère de l'autre. Nous pouvons tout dire sans prendre les choses au pied de la lettre. Pourtant, le silence lui aussi reste indissociable de l'amitié. Une conversation profonde débouche souvent sur le silence. Si nous continuions à parler, nous risquerions de faire perdre à l'échange son intensité. Dans le silence, nous nous retrouvons ensemble et unis d'une manière nouvelle.

La citation faite en ouverture signifie encore autre chose. Comment peut-on se taire devant les mêmes choses ? Cela ne veut sûrement pas dire : éviter les sujets qui fâchent, les situations conflictuelles. Dans ce cas, le silence ne serait qu'une stratégie d'évitement. Se taire devant les mêmes choses, c'est partager en silence : par exemple, jouir ensemble d'un coucher de soleil, d'une symphonie de Bruckner ou d'un tableau. Les amis se taisent et s'étonnent ensemble. Ainsi, au cours d'une randonnée en montagne, ils partageront en silence la beauté du paysage et aucun des deux ne troublera, par ses paroles, l'émerveillement de l'autre. Ils partagent en silence pour laisser chacun s'imprégner de ce qui le touche si fortement à ce moment-là. Vient ensuite le temps où l'on peut évoquer ce que l'on a ressenti. L'amitié a le privilège de nous laisser partager en silence des moments forts, sans ressentir le besoin de tout analyser. L'ami laisse à l'autre son mystère. Il lui ouvre un espace de paix. Cette paix, causée par le silence de l'autre, est d'une autre qualité que celle qu'apporte le silence de la solitude. La paix partagée relie, conduit au mystère de l'être, au mystère de Dieu.

La mélodie du cœur

*D*E TOUS TEMPS, les sages ont vanté la valeur de l'amitié et ont traduit son mystère par des images toujours renouvelées. L'une d'elles m'a particulièrement marqué : « Un ami est quelqu'un qui écoute la mélodie de ton cœur – et qui te la chante lorsque tu l'as oubliée. »

Je ne me rappelle plus qui en est l'auteur, mais qu'un ami écoute la mélodie de mon cœur est, pour moi, une idée merveilleuse. L'ami écoute ce qui me touche au plus profond de moi-même. Il se met à l'écoute de mon être le plus intime pour en découvrir la mélodie, pour percevoir ce qui fait vibrer et résonner ma vie. Si j'ai oublié cette mélodie singulière, pris par les exigences de la vie quotidienne, mon ami me la fredonne. Il me ramène à mon noyau, à mon être véritable. Il me renvoie mon image véritable. Mon ami se fait l'écho de ce qu'il y a de plus authentique en moi. Dans l'amitié, il s'agit donc de bien plus que la seule compréhension mutuelle ou l'entraide : l'ami apprend la mélodie de mon cœur pour la faire résonner lorsqu'elle se tait en moi.

Un abri solide

*L*A DÉTRESSE est, selon les sages de la Bible, un test de l'amitié. Voici ce que l'on peut lire dans le livre de l'Ecclésiastique (6, 10-12), qui allie sagesse juive et sagesse grecque :

Tel est ami et s'assied à ta table,
qui ne restera pas fidèle au jour de l'épreuve.
Dans ta prospérité il sera un autre toi-même,
parlant librement à tes serviteurs,
mais dans ton abaissement il se retournera contre toi
et évitera ton regard.

La souffrance constitue une mise à l'épreuve de l'amitié. L'ami véritable se tient au côté de celui qui souffre. Il l'accompagne dans sa détresse et l'aide à traverser ses difficultés. Jésus Ben Sira[18] évoque cet ami authentique par ces mots (Ecclésiastique 6, 14-15) :

Un ami fidèle est un puissant soutien :
qui l'a trouvé a trouvé un trésor.
Un ami fidèle n'a pas de prix,
on ne saurait en estimer la valeur.

L'ami est comme l'abri protecteur qui forme une voûte au-dessus de moi. Dans cet abri, je me sens chez moi et je suis en sécurité. Je ne crains ni les brûlures du soleil ni le froid de la nuit.

Un point d'ancrage
dans une époque sans repères

SAINT AUGUSTIN était un maître pour ce qui concerne l'amitié. Il disait : « *Sine amico nihil amicum* », « Sans ami, rien ne paraît amical ».

Sans ami, la vie ne peut être que grise, elle n'est plus digne d'être aimée. Augustin s'était construit un cercle d'amis, il ne pouvait se passer d'eux. Il souffrait pourtant de l'absence d'accord absolu entre amis.

Augustin avait besoin d'amis pour s'entretenir avec eux du mystère de la vie et de l'amour de Dieu. C'est dans les conversations avec ses amis qu'il a développé ses pensées les plus importantes. Il n'écrivait pas enfermé dans une cellule mais constamment en relation avec ses amis. C'était avec l'intention de leur apporter la joie qu'il approfondissait ses réflexions. Il essayait de répondre à leurs questions. Une grande partie de l'œuvre d'Augustin est constituée par des sermons. Il écrivait toujours en tenant compte de ses auditeurs. L'attention portée aux hommes, à leurs attentes et à leur détresse, conduisait Augustin à trouver dans la Bible une réponse à l'inquiétude la plus profonde du cœur humain. L'échange avec ses amis conduisait Augustin à formuler en permanence de nouvelles réflexions, dont certaines restent parmi les plus admirables que l'on connaisse.

Face aux disputes qui animaient l'Église et aux conflits politiques de son époque, Augustin se sentait souvent isolé. Si les attaques touchaient son cœur sensible, il ne pouvait répondre avec la même dureté. Il trouvait, dans le cercle de ses amis, une patrie au moment où le monde qui l'entourait lui devenait étranger. Les fondements de l'Occident vacillaient, la culture antique se disloquait, Rome, fière capitale, déclinait. Ses amis lui étaient alors un soutien précieux dans ces temps instables. Au milieu de ses amis, Augustin pouvait supporter ce monde. Il voyait en eux la préfiguration d'une demeure céleste : « Là dans le ciel, notre cœur ne sera pas seulement auprès de Dieu mais en compagnie de tous ceux qui, comme nous, ont cherché Dieu. »

Des choses précieuses

CRIRE apparaît comme évidemment lié à l'amitié. Nous devons à l'amitié les plus belles lettres de la littérature. Nous avons, malheureusement, perdu aujourd'hui l'habitude de correspondre. Pourtant, l'amitié a besoin de la lettre, par laquelle je peux transmettre ce qui me touche, ce qui me préoccupe. Konstantin Raudive[19] affirmait : « Des hommes qui n'ont jamais échangé de lettres ne se connaissent pas. » Pour le philosophe Ernst Horneffer, une lettre à l'ami est comme une fête au cœur de la vie de tous les jours : « Que cette lettre te soit une fête ! Tu peux t'en réjouir : un sage grec disait : "Une vie sans fête ressemble à une randonnée sans auberge." Fais de cette lettre une "auberge" pour le repos de ton cœur. »

L'amour, en nous, a besoin de s'exprimer. La lettre garde la mémoire de l'amitié. Je peux la relire à volonté. François Xavier[20], l'un des premiers missionnaires jésuites en Chine et au Japon, lisait agenouillé et les larmes aux yeux les lettres qu'Ignace de Loyola lui écrivait. Cette correspondance rendait leur amitié vivante, même s'ils ne se sont pas revus.

Lorsque j'écris à un ami, les mots qui me viennent sous la plume ne sont pas ceux que j'emploierais pour un étranger. L'ami me rapproche de mes sentiments les plus profonds. Il me pousse à exprimer la moindre des sensations de mon cœur. C'est pourquoi les lettres aux amis sont si précieuses. Les formulations que nous y mettons ne nous seraient peut-être jamais venues à l'esprit dans d'autres circonstances. L'amitié fait surgir de notre cœur des mots qui, outre la valeur qu'ils ont pour l'ami, traduisent les mystères de la vie et de l'amour. Les lettres que s'écrivent les amis, comme celles qu'échangèrent Dietrich Bonhoeffer et sa fiancée ou Boniface et Lioba[21], restent, longtemps après leur mort, un vivant témoignage de leur amitié. Beaucoup s'en inspirent et cherchent à y décrypter le mystère de leur propre amitié.

Le pays natal

*D*ANS L'AMITIÉ, nous découvrons notre véritable pays natal. Rainer Maria Rilke disait : « Ma patrie se trouve là où sont mes amis. » Heinrich Zschokke exprime la même chose quand il écrit : « Qui n'a pas d'amis erre sur la terre comme un étranger sans attaches. » Autrefois, impuissant face à l'État absolu, l'individu trouvait dans l'amitié une communauté de pensée, un espace d'accomplissement. Comme l'exprime Chateaubriand, on se réfugie dans l'amitié « le cœur comblé dans un monde vide ». L'amitié devint un havre. Ce que les hommes vivaient à cette époque vaut aussi pour aujourd'hui. Face à l'anonymat, si répandu de nos jours, nous avons besoin de communautés d'élection, d'espaces d'amitié.

Le compagnon de route

*U*N PROVERBE japonais affirme : « En compagnie d'un ami aucun chemin n'est trop long. » La proximité d'un ami donne la force d'aller de l'avant mal-

gré toutes les difficultés. L'ami nous sou-
tient lorsque nous sommes dos au mur.
Il nous motive pour oser affronter le
combat de la vie. Sans ami nous courons
le danger de voir le sol se dérober sous
nos pieds. Si je sais pouvoir compter sur
un ami, je peux prendre du recul par rapport à mes problèmes. Il m'évite d'abandonner les autres à leurs difficultés ; si je
le faisais, je me le reprocherais et ils m'en
voudraient de n'avoir pas assumé mes
responsabilités. L'ami me renvoie,
comme un miroir, mon « mode de fonc-
tionnement ». L'ami me retient de me
précipiter dans des impasses, il me
donne le souffle nécessaire pour aller jusqu'au bout de mon chemin.

L'envol

L'ÉCRIVAIN Zenta Maurina[22], para-
lysée depuis l'enfance, a vécu
l'amitié comme une source de vie. Elle
y a puisé la force de vivre pleinement :
« L'amitié est à l'homme ce que les ailes
sont à l'oiseau ; elle lui permet de s'éle-
ver au-dessus de la poussière du sol. »
Les « ailes » de l'amitié me soulèvent sur
le chemin difficile de la vie, afin que
j'avance d'un pas léger sans trébucher

sur chaque pierre. Parler avec un ami me permet de relativiser les problèmes et de les entrevoir sous un angle différent. Je ne les vois plus comme une menace. L'ami me protège des émotions négatives qui me parviennent du monde extérieur. Il m'aide à porter, chaque jour, tout ce qui m'accable.

Le flot de sentiments

ÉUSSIR en amitié n'est pas si simple. Georges Bernanos considérait l'ennui comme le principal danger : « Aucune amitié ne peut résister à l'ennui. » Lorsque des amis n'ont plus rien à se dire, lorsqu'ils sont guidés par l'habitude et qu'ils se ferment à ce qui les dépasse, alors l'ennui tue l'amitié. Plus rien ne se passe entre eux, leur amitié s'enlise. L'ennui naît chaque fois que la source de l'imagination et de la créativité se tarit. Taire ses sentiments à l'autre en est souvent la cause. Plus la rétention des sentiments est grande et plus la source se tarit. Nous perdons alors la capacité de vivre intensément la beauté. Moins nous partageons ce que nous vivons et moins nous sommes capables d'éprouver. Nous nous endurcissons et cette dureté devient ennui. Nous nous ennuyons au lieu de partager avec enthousiasme ce que nous ressentons.

Celui qui est occupé en permanence, qui fuit dans le travail, ne peut avoir de temps pour l'amitié et reste incapable de devenir un ami pour quiconque. Les meilleurs amis ne sont pas ceux qui réussissent mais ceux que le sort n'a pas aidés, ceux qui ont conscience de leurs limites et de leur faiblesse. L'amitié ne va pas sans ouverture à l'autre. Celui qui étouffe ses sentiments sous l'activisme ne peut les partager avec un ami, mais celui qui n'a plus rien à partager ne peut être l'ami de personne. Seul celui qui fait face à sa pauvreté est apte à l'amitié. Johann Wolfgang von Goethe en a fait l'expérience : « C'est à nous, les pauvres, à nous qui ne possédons presque rien, qu'il est donné de jouir du bonheur en abondance. Nous n'avons que nous-mêmes et c'est cela que nous devons donner. »

L'égalité

« *L*'EXCÈS de l'un déséquilibre l'amitié », dit Adolphe Freiherr von Knigge. Si seul l'un des amis se met en position de donner et d'écouter, l'amitié est détruite. Il est nécessaire que l'un et l'autre soient au même niveau, qu'ils puissent s'enrichir mutuellement. Lorsqu'une relation d'aide se transforme en amitié, celui qui est en position d'aider doit descendre de son piédestal pour se mettre au niveau de l'ami. S'il garde sa position paternelle ou supérieure, il détruit l'amitié. L'ami se sent entouré, se voit donner des leçons, mais pas aimé pour lui-même.

Selon Ernst Raupach : « L'excès de bienfaits affaiblit l'amitié au lieu de la renforcer. » Certains amis sont toujours dans le don, comme s'ils voulaient acheter l'amitié. Le sentiment d'être acheté, d'abord réprimé, se transformera en agressivité et, enfin, en dureté. Un cœur endurci ne ressent plus l'amitié. Il ne peut y avoir de trop grand déséquilibre en amitié – entre le riche et le pauvre, entre celui qui sait et celui qui ne sait pas, entre le bien-portant et le malade –, elle a besoin d'égalité pour durer.

Connaître

L'AMOUR et l'amitié peuvent délivrer l'homme de la solitude et donner un sens nouveau et plus profond à sa vie. La solitude n'est pas supprimée mais métamorphosée.

L'amour véritable comme l'amitié vraie ont besoin de solitude intérieure. Rainer Maria Rilke dit de l'amour-amitié : « L'amour rassemble deux solitudes qui s'aiment et se protègent. » Si l'autre respecte et aime ma solitude, elle perd tout ce qu'elle a de menaçant. Elle devient le lieu où je retrouve mon unité, condition qui me permet d'être en communion avec l'ami.

L'amitié véritable conduit toujours à connaître l'ami dans sa vérité. Augustin dit à juste titre : « Seule l'amitié permet de connaître vraiment quelqu'un. » Dans l'amitié, c'est le cœur de l'ami que je rencontre, avec ses faiblesses et ses grandeurs. Je pressens ses sentiments et ses pensées, je vois ce qui le touche et l'oppresse, je renonce à évaluer et juger, j'accepte tout simplement ce qu'il est. Celui qui a connu un ami dans la détresse portera sur les autres un regard plus juste et renoncera à les juger. L'amitié le rend capable d'accepter les autres sans préjugés.

L'amitié peut se transformer en amour
et l'amour peut devenir amitié. Les psychologues ont pu constater que les couples qui naissent d'une longue amitié
durent plus longtemps que les couples
fondés sur l'amour-passion. Même si des
amoureux se marient, leur relation peut
se transformer en amitié. Si le couple
n'est construit que sur la seule attirance
physique, les partenaires arrivent vite à
n'avoir plus rien à se dire. Pourtant, s'ils
apprennent à dépasser les premières
déceptions pour voir au-delà d'eux-
mêmes et partager une recherche spirituelle, de l'amour peut naître une amitié.
Cette amitié approfondira l'amour et
l'amour ensemencera l'amitié.

L'amitié masculine

AUJOURD'HUI, l'amitié masculine
revêt une grande importance.
De nombreux clubs existent où les hommes se réunissent pour échanger et entreprendre ; là naissent des amitiés
profondes. Les hommes souhaitent que
ces amitiés continuent à vivre s'ils sont
amoureux ou s'ils sont mariés. Beaucoup
de femmes, d'épouses ont du mal à s'y
faire : elles attendent de l'homme qu'il se

consacre entièrement à elles. Cependant, l'homme ne peut se passer d'amis pour devenir lui-même. L'amour pour une femme, aussi épanouissant soit-il, ne remplace pas l'amitié masculine. Quand l'homme rompt avec ses amis, par égard pour sa femme, cela n'est généralement pas bénéfique au couple. Les amis donnent au couple un espace plus vaste et une structure plus solide. L'amitié avec d'autres hommes enrichit l'amour entre l'homme et la femme au lieu de le menacer. Elle décharge l'homme et la femme d'attentes démesurées envers l'autre. Chacun ne peut combler toutes les attentes de l'autre, il doit s'ouvrir aux autres pour trouver l'équilibre dans son couple.

L'amitié féminine

L'AMITIÉ entre femmes célibataires est fréquente. Elles se soutiennent, échangent et devisent sur leurs expériences, sur leurs sentiments. Elles peuvent voyager ensemble et partager les mêmes intérêts. Il arrive qu'elles s'enrichissent mutuellement sur leur chemin spirituel. Beaucoup de femmes mariées connaissent également l'amitié. Elles se rencontrent entre femmes, parlent de leurs enfants ou de leur couple. L'amitié avec d'autres femmes leur donne le sentiment de retrouver un monde connu. L'amitié entre une femme mariée et une femme célibataire a aussi sa propre particularité : elle est la plupart du temps bénéfique pour chacune. Elle leur permet d'échanger des expériences différentes et, ainsi, d'élargir leur horizon et de relativiser leurs problèmes.

Elles ressentent ce qu'Anna Luise Karsch a exprimé par ces mots : « Mes amis sont pour moi le bien le plus précieux. Dans mon bonheur, je ne les échangerais pas contre tout l'or du monde. » De nombreuses femmes se sentent soutenues autant par leurs amies que par leur famille. Pour Zenta Maurina, les véritables amies sont capables de « transformer les jours sombres de décembre en jours éclatants de mai et d'allumer une lumière dans la nuit ».

Un espace de liberté

*L*E MOT « AMITIÉ », dans les langues anglo-saxonnes, a pour racine le vieil haut allemand *frija*, d'où dérivent aussi bien « libre » qu'« aimer » *(frijon)*. Pour les Germains, l'ami était celui que

l'on protège et que l'on aime. Il est libre ;
il vit sa propre vie tout en se sachant
aimé de ses amis. L'amour ne l'enferme
pas, ne l'oblige pas en retour. Ce qu'il fait
pour l'ami, il le fait en toute liberté et par
amour. Il ne le lie pas par ses bienfaits.

Faire coexister amour et liberté n'est
pas simple. L'amour est souvent entaché
de possession, de jalousie, d'attachement
et d'attente vis-à-vis de l'autre. Il exige
aussi la réciprocité : j'attends de l'autre
qu'il me rende ce que je fais pour lui.
Cette comptabilité rend pourtant l'amitié
impossible. Des amis peuvent rester sans
se voir et sans communiquer pendant
des années, mais dès qu'ils se retrouvent,
la flamme de l'amitié se rallume. Le courant de l'amour et de la compréhension
passe à nouveau entre eux comme s'ils
s'étaient quittés la veille. Ils retrouvent le
contact, l'accord de leur cœur et vont
tout de suite à l'essentiel. La liberté qu'ils
se sont laissée n'a pas fait disparaître
l'amour réciproque.

Chaque relation d'amitié dose à sa
manière la proportion amour-liberté.
Toute relation amicale implique pourtant
une certaine dépendance. Prendre
conscience de cette dépendance permet
de s'en distancier et de laisser, volontai-
rement, sa liberté à l'ami.

L'amitié véritable se reconnaît à la
liberté intérieure. Je peux dire ce que je
ressens, sans trop m'interroger. Je peux

suivre le chemin qui me paraît le meilleur, lui expliquer sans précaution inutile que je dois déménager ou faire autre chose, respirer librement. Je laisse aussi à l'ami l'espace de liberté dont il a besoin pour vivre.

*Aie confiance en l'amour
et vis-le pleinement*

On ne voit bien qu'avec le cœur

Le secret du cœur

*L*ES MOTS les plus célèbres d'Antoine de Saint-Exupéry se trouvent dans *Le Petit Prince*. Cette fable évoque la quête du bonheur par l'homme. « Adieu, dit le renard. Voici mon secret. Il est très simple : on ne voit bien qu'avec le cœur. L'essentiel est invisible pour les yeux[23]. »

Dans la langue allemande, « croire » *(glauben)*, « aimer » *(lieben)* et « louer » *(loben)* viennent de la même racine, *liob*, qui veut dire : bon, bien. Croire signifie, à l'origine : considérer comme cher ou précieux, admettre. L'amour consiste à apprécier à sa juste valeur le bien que je perçois chez l'autre. Louer, lui aussi, veut dire viser le bien chez l'autre, parler de lui en bien, lui offrir un espace dans lequel il grandira et s'épanouira.

La langue, avec la mémoire de toute la sagesse qu'elle véhicule, traduit l'expérience du renard dans *Le Petit Prince*. Le cœur voit bien et, en voyant bien, il découvre le bien chez l'autre. Celui qui observe l'autre à travers des verres fumés ne percevra, chez lui, que de l'obscurité. Sa lumière, sa clarté, sa douceur ne seront pas perçues. Ce n'est qu'en voyant mon prochain avec le cœur que je lui rends justice. Encore faut-il que mon cœur soit bon et que je n'y laisse pas pénétrer les pensées destructrices. Celui dont le cœur est un véritable antre de malfaiteur ne peut pas bien voir et percevoir le bien chez l'autre.

L'essentiel est invisible pour les yeux, les yeux ne voient qu'en surface, ils perçoivent les traits du visage, la colère et la frustration, le repli et la dureté, l'affliction et la douleur qui s'y expriment. Le cœur, lui, voit en profondeur. Il voit au-delà du visage, jusqu'au fond du cœur et dans le cœur de chacun transparaît l'aspiration à être bon, en paix avec soi-même et avec le monde ; l'aspiration à se présenter devant Dieu tel que l'on est, avec ses blessures ; l'aspiration à trouver le salut en Dieu et l'harmonie avec soi-même.

L'essentiel, chez l'être humain comme dans le monde, reste invisible.

L'art de vivre consiste à voir avec le cœur. Ce n'est qu'alors que je peux retrouver, dans la fleur, la beauté de la Création et, dans l'arbre, mon aspiration à m'enraciner plus profondément. En regardant l'arbre, je ressens si fortement le désir de grandir, de m'épanouir que les autres trouveront à s'abriter à mon ombre et à se consoler auprès de moi.

Seul le cœur peut voir partout les traces de cette ultime réalité et certitude, qui s'adresse à moi par l'intermédiaire de chaque visage, de chaque pierre ou de chaque brin d'herbe et me dit : « Tu es aimé. L'amour est partout autour de toi. »

Ne pas thésauriser

« *L*'AMOUR ne se garde que si on le donne : un bonheur que nous recherchons pour nous seuls ne se trouve nulle part, un bonheur qui diminue lorsque nous le partageons n'est pas assez grand pour nous rendre heureux. » Cette idée a été formulée par Thomas Merton, un moine célèbre du XXe siècle.

Je ne cesse pourtant de rencontrer des personnes qui passent leur temps à prendre des distances vis-à-vis des autres. Elles craignent par-dessus tout d'être exploitées ou qu'un engagement pour les autres ne soit au-dessus de leurs forces. Mais qui s'épuise à se protéger des autres ne saura jamais de quel amour il est capable. L'amour doit couler à flots. Ce n'est que lorsqu'il s'écoule que je peux le ressentir. Maintenir l'amour dans une outre est impossible. Il s'abîmerait vite.

Naturellement, il faut aussi des limites à l'amour. Car nous ne sommes pas Dieu, nous ne pouvons aimer sans limite. Mais nous participons à l'infini de l'amour divin. Lorsque notre amour jaillit de la source de l'amour divin, il s'écoule de nous sans que nous fassions d'effort. Ainsi, il se renforce quand nous le donnons aux autres. Celui qui a confiance en l'amour qui afflue en lui est gratifié quand il l'offre.

Seul l'amour qui ne cesse d'affluer peut rendre l'homme heureux. Le bonheur que je garde pour moi n'est pas le véritable bonheur. Comme tous les sages, Thomas Merton sait qu'un bonheur non partagé est trop petit pour nous rendre heureux. Le bonheur a besoin d'un espace intérieur, d'une liberté, d'un flux de vie et d'amour. Tout ce que nous thésaurisons égoïstement détruit le bonheur.

Ne pas s'arrimer

« QUI AIME sa vie la perd ; et qui hait sa vie en ce monde la conservera en vie éternelle. » Cette phrase de l'Évangile de Jean (12, 25) nous invite à entrer dans le détachement et à abandonner nos

représentations de la vie : alors s'ouvrira
devant nous un espace de potentialités
nouvelles. Nous devons « lâcher » nos
proches, leur laisser prendre du champ.
Ce n'est qu'ensuite qu'une véritable relation sera possible. Si, dans un couple,
l'un est arrimé à l'autre, la relation
deviendra vite invivable. Un couple ne
peut durer que si chacun laisse de la
liberté à l'autre. Prendre de la distance,
nous disent les psychologues, est la
condition d'une vie accomplie.

L'amour a besoin de temps

« $\mathcal{Q}$ UI EST impatient n'aime pas » :
lorsque j'ai lu ce proverbe italien
pour la première fois, j'ai été étonné.
Quel rapport lie patience et amour ?
Pourquoi l'impatient est-il incapable
d'aimer ? L'amour a bien à voir avec
attendre, porter et supporter.

Celui qui aime laisse à l'aimé(e) le
temps de grandir. Il renonce à conformer
l'autre à ses désirs. Il l'accepte tel qu'il
est, avec ses points forts, ses défauts et
ses limites. L'impatient a des idées arrê-
tées sur les autres. Il pense que l'autre
doit correspondre à ce qu'il attend. Il
voudrait que le défaut montré du doigt

soit aussitôt corrigé. Mais cette impatience tue l'amour.

Il est tout à fait naturel d'avoir des attentes envers celui qu'on aime. Nous souhaitons qu'il s'épanouisse, éventuellement qu'il atténue ses aspérités. Mais nous lui laissons du temps, le temps de la maturation. L'impatient, lui, voudrait voir l'autre changer immédiatement. Comme s'il suffisait de vouloir pour réussir.

Derrière l'impatience se cache une image étroite de l'homme. L'homme doit « fonctionner », les changements doivent se produire aussitôt que pensés. On ne lui laisse pas le temps de la croissance et de la maturation. On refuse de l'accepter dans sa singularité. Même les défauts et les faiblesses peuvent avoir quelque chose de sympathique. Cela dépend du point de vue que l'on adopte. Si je laisse l'autre être ce qu'il est, ma patience m'aidera à l'aimer dans sa singularité. Ses défauts et ses faiblesses perdront de leur importance. Lorsque mon cœur s'attache au cœur de l'autre, ses limites ne me dérangent plus ; je m'exerce à la patience et me réjouis de l'autre tel qu'il est. Qui a de la patience avec lui-même saura aimer l'autre tel qu'il est et le laisser être ce qu'il est.

Dans les bras de la Création

L'AMOUR dépasse la dimension humaine tout en exprimant notre vocation la plus profonde. Ce qui est décisif dans ma relation à Dieu, c'est l'amour qu'il a pour moi et l'importance que je revêts pour lui. Reste à savoir comment faire pour que je ressente son amour. Dans la Bible, le prophète Jérémie s'exprime ainsi (31, 3) : « De loin YHWH-le Seigneur m'est apparu : D'un amour éternel je t'ai aimée, aussi t'ai-je maintenu ma faveur. » Ces paroles valent pour moi-même si je les laisse entrer dans mon cœur. Je ressens alors quelle est la raison profonde de mon existence. J'éprouve cet amour inconditionnel lorsque je pense aux guérisons miraculeuses réalisées par Jésus et à sa rencontre avec les hommes. Je peux le retrouver aussi dans les traces de la Création, par exemple dans les rayons du soleil qui me réchauffent ou dans le souffle du vent qui me caresse. Dieu, par l'intermédiaire de sa Création, me prend dans ses bras. Alors, la tendresse et la prévenance de son amour m'enveloppent.

De l'air pour respirer

*D*ANS L'AMOUR que nous éprouvons pour quelqu'un, nous ressentons, d'une part, le côté merveilleux de cet amour. Nous nous épanouissons quand nous nous sentons aimés et que nous éprouvons aussi un amour profond pour l'autre. Nous ressentons aussi, d'autre part, la fragilité de l'amour. À notre amour se trouvent mêlées aussi la jalousie, la possessivité et l'incompréhension. L'amour peut nous filer entre les doigts subitement. Nous tentons de nous raccrocher à l'autre, par peur de le perdre. Nous attendons de lui une sécurité absolue, un amour sans limite. Pourtant, aucun être humain ne peut nous offrir l'absolu. C'est donc trop demander à l'autre. Beaucoup de crises dans les couples trouvent leur origine dans ces attentes exagérées. Mais il est bien compréhensible, lorsque la dimension de la transcendance nous fait défaut, de demander l'absolu à l'être limité et, donc, d'attendre le divin de l'humain.

Une relation peut réussir si l'autre n'est pas obligé de combler toutes nos aspirations et s'il nous oriente vers un grand amour que Dieu seul peut donner.

Nous pouvons alors jouir de l'amour que l'autre nous offre. Il ne faut surtout pas demander à l'autre de nous réassurer en permanence sur son amour, exercer sur lui une pression. Nous devons jouir de cet amour humain tout en sachant qu'il n'est pas infini et qu'il n'a pas à l'être. Il nous ouvre une porte sur un amour infini et inconditionnel. En ne reprochant plus à l'autre la dimension limitée de son amour, nous pouvons avoir de la reconnaissance pour l'amour qu'il nous donne et pour celui que nous éprouvons pour lui.

Si quelqu'un attend que l'amour de l'autre le sécurise complètement, il vit dans la crainte permanente de le perdre. Cette peur l'entraîne à s'accrocher à l'autre, et plus il s'arrime à lui plus l'autre se sent enfermé. Il tente alors de se libérer de cette entrave. Plus nous nous accrochons à l'autre, guidés par l'angoisse, plus nous risquons de le perdre : ainsi, nous confirmons notre peur. Une autre stratégie consiste à s'adapter tout à fait à l'autre en exauçant tous ses désirs. Nous renonçons, en fin de compte, à nous-mêmes. Nous cessons d'être, pour l'autre, un partenaire à part entière : si nous ne lui opposons aucune résistance, il s'ennuie avec nous et nous devenons, pour lui, un fardeau. Mais trouvant en Dieu un appui et un amour incondition-

nel, nous pouvons construire une relation dans la liberté. Nous ne nous
rendons pas dépendants de l'autre et
cette liberté seule permet la réussite de
la relation car, ainsi, chacun peut trouver
suffisamment d'air pour respirer.

Faute de pouvoir s'ouvrir à la transcendance, l'homme s'enferme en lui-
même et court à sa perte. Dans l'union
avec Dieu, l'être humain trouve son unité
et fait un avec les autres hommes et avec
la Création tout entière. Alors, son déchi-
rement prend fin et il pressent le mystère
de toute relation : être un avec l'autre et,
ainsi, trouver l'harmonie avec soi et avec
la vie.

La tension du désir

L N'Y A PAS d'amour sans désir. Le
psychologue Peter Schellenbaum a
bien décrit le rapport étroit qui lie ces
deux notions. Il pense que l'amour et le
désir sont localisés au même endroit de
notre corps, « au centre de la poitrine, à
hauteur du cœur, là où ceux qui souffrent d'amour ou de désir pressent leur
main ». C'est justement la tension du
désir qui donne à l'amour toute sa valeur

et toute sa profondeur. Le plus grand bonheur de l'amour et la souffrance indicible du désir sont à proximité l'un de l'autre. L'amour va au-delà de lui-même en permanence. En lui, nous aspirons à l'absolu, à l'inconditionnel, en bref à l'amour divin.

Prendre conscience de son désir ne veut pas dire fuir la réalité de la vie. Au contraire, lorsque nous ressentons en nous le désir de Dieu, un désir de ce qui est au-delà de ce monde, de ce qui le dépasse, nous pouvons nous réconcilier avec la réalité, parfois bien banale, de notre vie. Nous ne sommes pas déçus de voir que l'être que nous aimons ne peut combler notre désir d'amour absolu. Nous n'exigeons pas de notre partenaire qu'il réponde à nos attentes que nul ne peut satisfaire.

Je me rends compte à quel point, souvent, des hommes et des femmes attendent de leur partenaire qu'il les sauve, les libère et donne un sens à leur vie. Le désir relativise nos attentes envers les humains pour que nous soyons capables de les considérer comme tels, sans les comparer à Dieu.

Tout à fait humain

*A*IE CONFIANCE en l'amour que les êtres humains éveillent en toi, aie confiance en l'amour que tu ressens pour un(e) ami(e). Dans tout amour il existe quelque chose de pur. Tout amour humain, fût-il encore possessif, a quelque chose de divin. Laisse-toi toucher, au fond du cœur, par l'amour qui vient vers toi ou qui naît en toi, il est l'expression même de Dieu et t'ouvre au mystère d'un amour limpide et pur qui s'adresse à tous. Dans cet amour, tu es en Dieu et c'est par lui que tu peux devenir vraiment humain comme Dieu en a fait le projet pour toi.

L'amour est la réalité essentielle dans notre vie. Dans ton amour, en dépit de ses faiblesses, brille la flamme de l'amour spirituel qui comble ton désir. Aie confiance en ton amour et vis-le jusqu'au bout, afin de trouver, à sa source, Dieu. Suis-le jusqu'au bout et il te conduira à Dieu, qui non seulement aime comme nous mais est l'amour même.

Dissolution

*L*A CHALEUR de l'amour libère de toutes les crispations. Quiconque fait l'expérience d'être accepté et d'être aimé tendrement là même où il se crispe verra son repli sur soi disparaître.

Ne t'arrime donc pas à ta peur, mais traverse-la. Tu sentiras alors, au fond de ton cœur, la tendresse d'un amour qui t'accepte avec ton angoisse et dissout cette angoisse et ce qu'elle comporte d'oppressant et de menaçant.

Même ton angoisse a le droit d'exister. Touchée par l'amour de Dieu, elle se métamorphose et se dissout.

Enchantement de l'amour

*L*AISSE-TOI envoûter par l'amour. En chacun de nous existe un désir d'amour. Aide les gens autour de toi à prendre conscience de leur amour.

Si tu offres des fleurs, pour la Saint-Valentin par exemple, ce geste signifie : « Je devine en toi un désir d'amour. Je te souhaite de croire en l'amour que tu portes en toi. Ose aimer et être aimé, laisse-toi envoûter par l'amour, laisse-le te conduire jusqu'au mystère d'un amour plus profond qui comblera ton véritable désir. »

Il est nécessaire que nous apprenions ce qu'est vraiment l'amour. Un amour non mêlé à la possessivité, un amour qui afflue, qui enchante, qui donne à la vie une saveur nouvelle.

J'espère que l'amour ne se tarira pas mais continuera d'affluer. J'espère un amour plus fort que la mort.

Les traces

QUE POURRIONS-NOUS laisser en signe de notre amour ? Je ne mets rien de moral sous cette question, mais je crois que le pressentiment que nous venons de Dieu et que nous retournerons à lui pourrait nous dispenser d'avoir à laisser, en ce monde, des traces d'un amour qui se donne, qui se met au pied de nos frères et sœurs, d'un amour qui les touche là où ils sont le plus vulnérables pour guérir et métamorphoser leurs blessures.

Si nous réfléchissons à ce que nous voudrions laisser à nos suivants, à ce que nous voudrions exprimer par notre vie, nous ne nous replierons plus sur nos maux et sur notre solitude, le mystère de notre vie se dévoilera : nous sommes des êtres voués à la finitude et nous aimerions, sur le bref chemin parcouru en ce monde, laisser des traces d'un amour qui indique à nos suivants la direction d'une dimension nouvelle, celle de l'amour divin, qui transforme dès à présent notre vie en l'ouvrant sur l'infini.

Accepte la métamorphose

Sors grandi des crises et accède
à une plus grande maturité

Le labyrinthe de la vie

NOTRE VIE n'est en aucune façon une voie à sens unique. Sur notre chemin, nous n'évoluons pas de façon linéaire, nous faisons souvent des détours. Et il n'est pas rare que nous ayons l'impression de revenir à la case départ, comme si nous avions parcouru tout ce chemin en vain. Les labyrinthes, que l'on trouve sur le sol des églises du Moyen Âge, représentent cette expérience et symbolisent ce chemin de vie. Si je leur prête attention, ils me disent quelque chose sur moi : certains tournants semblent me ramener au point de départ, en fait l'évolution se fait en spirale. Je suis ramené à un point où je fais, en moi, l'expérience d'un revirement. Je peux repartir, alors, rempli d'une force nouvelle et me diriger vers le centre, vers le but véritable.

Réorienter sa vie, quitter les rails de l'habitude, ouvre des perspectives nouvelles. Cela transforme l'être humain. Ainsi, faire des détours constitue la condition d'une véritable transformation.

Les revers de fortune ont un effet positif et constituent une expérience salutaire.

Maturation et métamorphose

*L*ES PSYCHOLOGUES décrivent la vie comme une suite de crises qui nous transforment et nous aident à mûrir : la naissance, les crises de la puberté, du milieu de la vie, du départ en retraite, du vieillissement, de la fin de vie. Ces crises s'inscrivent dans le processus de développement de la vie. Il existe encore d'autres crises, provoquées par le monde extérieur : les catastrophes naturelles, les accidents, la guerre, le chômage, la mort d'un être cher. Certaines crises sont cathartiques : les crises morales qui nous transforment et nous renouvellent.

La crise nous met sous une pression morale de plus en plus forte et nous cherchons les moyens d'y échapper. Une fois la crise surmontée, nous avons accompli un pas dans le sens de la maturation. « Une crise se produit lorsque l'équilibre de l'âme est dérangé, c'est-à-dire quand les mécanismes stabilisateurs échouent », affirme H. Häfner. Il peut arriver aussi que l'on recherche des compensations

inappropriées dans le but d'échapper à
la crise. Quiconque veut aider une personne en crise doit se demander
comment réduire les pressions qui ont
déclenché cette crise et comprendre les
efforts démesurés qu'on lui a demandés.
La personne en crise doit aussi rechercher des stratégies pour la surmonter.
L'une trouvera des moyens spirituels qui
l'aideront à faire un travail sur elle-
même, l'autre recherchera de l'aide
auprès d'un thérapeute, une autre encore
fera appel à ses propres ressources. La
crise est, en tout cas, un défi lancé à l'individu. Le mystique Jean Tauler a montré combien nombreux sont ceux qui
craignent les crises et tentent d'y échapper. Ils n'affrontent pas l'agitation intérieure qui déclenche la crise mais la
déplacent vers l'extérieur. Ils cherchent,
par exemple, à faire changer les autres ou
bien ils changent régulièrement de gou-
rou. Ils peuvent aussi refuser de faire le
pas en avant qu'exige cette crise. Ils se
raidissent alors sur leurs principes,
deviennent durs et fermés. Ils refusent de
relever le défi – celui de la maturation et
de la métamorphose – que leur lance la
crise.

La vie est risque

« *U*N BATEAU au port est en sécurité./ Mais ce n'est pas pour cela que sont construits les bateaux » (William Shed).

Le besoin de sécurité, selon Abraham Maslow, constitue l'élément essentiel auquel aspirent les humains. Ils recherchent un emploi fixe, voudraient s'assurer contre tous les dangers, pour le plus grand bien des assureurs. La sécurité apporte la paix. Pourtant, la langue allemande possède un mot, *todsicher*, qui veut dire « totalement fiable », « à coup sûr ». Ce mot reflète le constat qu'une sécurité *[Sicherheit]* absolue tue la vie, conduit à la mort *[Tod]*. Trop de sécurité empêche les choses de se développer, de se mouvoir, d'affluer. Lorsque tout risque est éliminé, rien de nouveau ne peut naître. Si je cherche une pleine sécurité, je dois rester chez moi pour éviter les risques de la circulation routière, de l'accident du travail. Et même à la maison, je risque encore l'arrêt cardiaque. La sécurité absolue n'existe donc pas. Comme le navire, l'être humain n'est pas fait pour rester au port. Il doit partir à l'aventure, oser la vie faute de quoi il risque d'étouffer. Celui qui veut vivre sait combien la vie est dangereuse, et pas seulement en raison de dangers extérieurs. Qui entame une relation n'a aucune garantie qu'elle durera. Qui s'engage sur le chemin de la quête de soi mesure combien cette aventure est dangereuse. Il doit affronter les abîmes de son âme, la solitude, l'abandon et la détresse.

Les Pères de l'Église comparaient déjà la vie à une aventure maritime. Nous affrontons les vagues, nous subissons les tempêtes mais, nous dit la Bible, nous ne sommes jamais seuls sur notre embarcation. Jésus nous accompagne, dormant sur notre bateau. Il nous suffit de le réveiller. Lorsqu'il se lève, il ordonne à la tempête, en nous comme autour de nous, de se calmer (Marc 4, 35-41).

Prendre des risques

*U*NE REMARQUE de Søren Kierkegaard, le philosophe danois, a toutes les chances d'effrayer les habitués de la routine : « Ne pas prendre de risques, c'est mettre son âme en danger. »

Que celui qui ne risque rien n'apporte rien de nouveau, tout le monde s'accorde à le dire. Mais que ne rien risquer revienne à mettre son âme en danger, voilà qui peut surprendre. Pourtant, cette remarque radicale est d'une pertinence psychologique remarquable. L'âme ne peut vivre que si elle affronte le risque.

Risquer signifie entreprendre quelque chose dont l'issue nous reste incertaine. En allemand, « risquer » se dit *wagen*, mot dérivé de *Waage*, « balance ». Risquer signifie donc mettre quelque chose sur la balance sans savoir de quel côté elle va pencher. Chaque rencontre comporte ainsi un tel risque. Je me mets sur le plateau de la balance sans savoir si ce que j'entreprends sera accepté par l'autre. En fait, je prends le risque de sortir de moi-même. De la même manière, si je prends une décision, je ne sais pas à l'avance quelle tournure prendront les événements. Mais celui qui ne prend aucune décision, qui cherche la sécurité absolue passera à côté de la vie.

Kierkegaard a raison : celui qui refuse de se jeter dans la vie laisse son âme se pétrifier. Au lieu de se mettre en danger lui-même, c'est son âme qu'il menace. Elle s'atrophie, s'étiole.

Change tes blessures en perles

C HACUN d'entre nous a subi des blessures au cours de sa vie. Mais si j'en crois mon expérience, beaucoup semblent, aujourd'hui, ne plus voir qu'elles. Il existe une tendance maladive à ressortir toutes les blessures de l'enfance dans le but de pouvoir les surmonter. Derrière cette attitude se cache la volonté de perfection et de performance. Nous croyons qu'il nous faut tout faire pour supprimer nos blessures, que nous devons éradiquer en nous tout ce qui nous rend malades. Mais ce chemin est une impasse. La voie véritable est celle qui nous conduit à nous réconcilier avec nos blessures. Selon Hildegarde de Bingen, devenir vraiment un être humain c'est pouvoir transformer ses blessures en perles. Mais comment s'y prendre ?

Transformer mes blessures en perles consiste d'abord à les considérer comme quelque chose de précieux. Elles me permettent de mieux comprendre les autres, d'entrouvrir mon cœur et d'entrer en contact avec mon être véritable. J'abandonne l'illusion d'être fort, sans failles et parfait. Je prends conscience de ma fragilité, ce qui m'aide à être plus humain, plus doux et charitable, plus près de la vie. Dans mes blessures gît un trésor, elles m'ouvrent à ma vocation et me révèlent mes potentialités. Seul le médecin qui a été blessé peut guérir, les Grecs le savaient déjà.

La « transformation des blessures en perles » veut dire encore autre chose : mes blessures constituent le moyen par lequel je rencontre véritablement Dieu. De quelle manière ? Si je prends l'exemple de ma peur, lorsque je lutte contre elle, elle ne cesse de me poursuivre. Mais si je lui parle, en me tenant devant Dieu, si je la laisse exister, si je cherche sa cause profonde, j'entre en elle et, alors, je peux éprouver la paix intérieure. Là, je prends conscience que Dieu m'accepte tel que je suis, avec ma peur. Je suis dans la main de Dieu. Si je prends, maintenant, l'exemple de la susceptibilité, je peux dire que je la reconnais.

En dépit du chemin spirituel qui est le mien, je reste sensible à la critique, au rejet. Si je me réconcilie avec ces craintes, ma susceptibilité me conduit plus loin, dans mon cœur blessé qui aspire à l'amour et à l'acceptation inconditionnelle. Je sens alors une main, à la fois maternelle et paternelle, qui se pose sur moi tendrement et j'entends une voix me dire : « Je suis à tes côtés, tu n'as pas besoin d'être aussi fort que tu voudrais l'être, tu es bien comme tu es. C'est justement ainsi que tu m'es précieux et que je t'aime. »

La force tirée des crises

CELUI qui pense que tout ce qu'il veut est en son pouvoir se trompe. Il doit se confronter, d'abord, à ses propres limites. Quiconque pense venir à bout de tout à force de volonté doit, d'abord, faire face à son ombre et constater qu'une part de lui résiste à toute emprise. Cette part d'ombre, il faut l'accepter et se réconcilier avec elle. Elle est si puissante que rien ne peut en empêcher l'expression. Plus nous réprimons fortement tout ce qui vient de cette facette de nous-mêmes et plus elle se retournera contre nous, détruisant l'édifice que nous croyions si solide. Nous ne pouvons pas faire taire notre inconscient par l'activisme. Il ne se laisse pas dissoudre par le travail de la raison. Ce n'est que si nous avons le courage de plonger dans notre inconscient, dans l'ombre portée de notre âme, que nous découvrirons en lui la source de vie, l'origine de notre force intérieure.

J'ai souvent l'occasion de rencontrer, dans les entreprises, des cadres dirigeants qui pensent avoir la maîtrise de leur vie grâce à l'intelligence et à la volonté. Ils paient cette erreur non seulement par des crises personnelles mais encore par le fait qu'ils projettent sur leur environnement professionnel leur part d'ombre. Des désirs et des sentiments inconscients envahissent tout, créant une sorte de pollution émotionnelle. Un tel climat rend malade. Et l'état de santé d'une entreprise est lié aussi aux pulsions refoulées de ses dirigeants. La crise nous oblige à nous confronter à notre part d'ombre et à la regarder en face. Emprunter ce chemin sera salutaire pour notre entourage. Mais si nous fuyons notre ombre, nous la projetterons sur les autres. Alors, dans ce théâtre d'ombres, tout le monde sera emporté par la morosité, la tristesse. Si nous traversons la crise et affrontons notre vérité, nous projetons alors sur nos proches la lumière dont nous les avions privés. Nous serons pour eux source de bénédiction, de guérison et de salut.

Croiser un obstacle

*L*A CRISE correspond à la rencontre d'un obstacle. La vie est semée d'embûches, qu'elles proviennent de nous-mêmes ou de l'extérieur. Les obstacles que nous croisons peuvent briser notre coquille ou nous détruire. La croix est à la fois l'image de la crise et celle de l'échec. Échec et crise ne sont pas identiques. La crise est un processus douloureux au bout duquel une vie nouvelle peut surgir. L'échec signifie que quelque chose s'est brisé. Cependant, ils ne sont pas si éloignés l'un de l'autre. En allemand, « échec », *Scheitern*, vient de la racine *scheit*, qui veut dire : séparer, diviser, mettre en morceaux. La crise est bien une séparation *[Scheiden]*, une décision *[Entscheiden]*. L'adieu *[Abschied]* contient lui aussi la notion de séparation. Lorsque j'échoue, je dois me séparer de mon ancienne manière de vivre. Si mon projet de vie est brisé, ma personne ne l'est pas pour autant. Je peux, par l'échec, briser ma coquille, c'est-à-dire m'ouvrir à une vie nouvelle et à mon être véritable. L'échec peut m'ouvrir à Dieu d'une manière radicale. Dans la crise, il me faut expulser ce qui ne correspond pas à mon moi profond. Tout ce qui est secondaire –

ce que je possède, ma notoriété – est brisé afin que l'authentique apparaisse.

Dans chaque crise, quelque chose doit mourir en nous. Les illusions – celle de pouvoir maîtriser notre vie, par exemple, ou celle de penser qu'une vie réglée permettrait d'éviter les obstacles, ou encore celle de croire que rien n'arrivera si nous observons les commandements de Dieu – doivent disparaître. Un peu de notre ego meurt dans chaque crise. Certains mystiques vont jusqu'à penser qu'il nous faut anéantir notre ego pour laisser toute la place à Dieu. Mais il me paraît dangereux d'en arriver là. La vie se charge de nous ôter nos illusions. Notre ego, dont la coquille se brise dans l'échec et la crise, s'ouvre à Dieu, à notre moi véritable, à l'image authentique que Dieu se fait de nous.

Résister

Toutes les crises constituent une source de croissance pour notre force. Qu'est-ce que la force ? Le mot germanique *Kraft* veut dire « habileté », « adresse », « art », « artisanat ». Il s'intègre à un groupe de mots indo-germaniques qui signifie « tourner », « tordre »,

« se contracter ». Au mot « force » [*Kraft*], on peut associer l'image de la contraction musculaire. De la crise peut sortir une nouvelle « habileté ». Je peux apprendre à conduire ma vie d'une manière nouvelle. C'est de l'apprentissage d'un art de vivre qu'il s'agit. Pour cela, il faut « contracter ses muscles », ceux du corps mais tout autant ceux de l'âme. Faute de quoi, la crise peut nous conduire à notre perte et trouver une issue fatale. Si je ne peux pas résoudre la crise avec mes seules forces, je dois pourtant y mettre du mien pour que la force jaillisse de la crise. Il me faut traverser la crise, résister au lieu de fuir, me battre pour ne pas sombrer.

Quelque chose de neuf naît en nous

L'HISTOIRE DE JOB nous apprend que tout dépend de notre façon d'interpréter la crise. Pour les amis de Job, ce dernier est responsable de la crise qu'il traverse. Manquer de piété, ne pas vivre bien, mal se nourrir, ne pas être suffisamment attentif : voilà pourquoi nous tombons malades, pourquoi nous sommes victimes d'accidents, pourquoi le malheur détruit ce que nous avons entrepris. Ce sont là des interprétations courantes.

À l'image des amis de Job, les hommes d'aujourd'hui cherchent à tout expliquer par la psychologie. Nous sommes responsables de nos maladies, de nos accidents, des crises que nous vivons. Cette explication reste pourtant simpliste. Une part de mystère subsiste. La crise peut survenir dans un ciel serein, sans que nous ayons à lui imputer des causes psychologiques. La Bible nous invite à évoquer nos crises avec plus de précaution, à les accepter sans chercher à leur trouver absolument une explication. Les crises peuvent avoir de multiples causes. Certes, nous sommes responsables parfois de certaines crises, mais vouloir prouver aux personnes qui traversent une crise qu'elles en portent la responsabilité serait ajouter à leur souffrance. La crise, nous devons l'accepter comme un défi. Elle pourra alors nous conduire, comme Job, à une meilleure façon de vivre. Pour Job, le Seigneur a multiplié ce qu'il possédait, lui a donné encore sept fils et trois filles : « Yhwh-le Seigneur bénit la condition dernière de Job plus encore que l'ancienne » (Job 42, 12).

Pour le mystique Jean Tauler, les souffrances de la crise ne sont que les douleurs de la naissance de Dieu en l'homme. Quelque chose de neuf essaie de naître en nous. Quand Dieu naît en nous, nous entrons en contact avec notre

moi véritable. Nous devenons « neufs »,
authentiques et libres.

Tout est don de Dieu

*N*ous ne pouvons pas nous reposer sur nos biens, notre famille ou
notre santé.

Tout nous est offert

Tout peut nous être pris.

La crise nous lance un défi : abandonner tout ce à quoi nous tenons, tout ce
que nous possédons. Lorsque nous nous
identifions à nos biens, nous renonçons à
nous-mêmes. Et si nous perdons ce que
nous possédons ou notre santé, il ne
nous reste plus rien. Il nous faut nous
entraîner, dès avant la crise, à la liberté
intérieure. Alors, aucune crise ne pourra
nous anéantir. Elle ne pourra que nous
conduire au lieu où nous sommes vraiment chez nous, où nous sommes tout
à fait nous-mêmes, où nul ne peut nous
blesser, où plus rien ne peut nous nuire.

Jean Chrysostome disait en substance,
dans une homélie : Rien ne peut te blesser sinon toi-même. Lorsque tu es ancré
en Dieu, tu n'as plus rien à craindre. Rien
n'atteindra ton Moi véritable. Et Jean

Chrysostome confirme ses dires par une parabole : une maison construite sur un rocher est capable de résister aux tempêtes et aux vagues.

La voie de la profondeur

NOMBREUX sont ceux qui souffrent aujourd'hui de dépression. Ils voient dans les manifestations dépressives la marque d'une maladie qu'ils sont déterminés à combattre pour s'en débarrasser le plus rapidement possible. Mais de la sorte, ils se barrent la voie de la profondeur. Nous ne choisissons pas d'avoir ou non une nature dépressive. Mais dans l'état dépressif, même le chemin vers Dieu n'est pas épargné, il doit le traverser. La dépression m'arrache l'illusion de mon ego, l'illusion que tout peut être vu de manière positive, que j'ai la maîtrise des événements. Je ne dois pas me masquer l'existence de mon talon d'Achille. Il constitue justement la porte par laquelle Dieu peut entrer. C'est par lui que je fais l'expérience de Dieu. Alors, je fais corps avec mes blessures, et éprouver cette unité c'est être sauvé. Être un, c'est être rassemblé tout entier, c'est-à-dire être sauvé. Pour moi, la guérison véritable de l'être humain consiste dans cette expérience essentielle. Nous ne pouvons pas faire que cette expérience advienne, mais nous pouvons nous y préparer. Dieu nous prépare toujours des surprises, il nous faut « faire avec ». Mais nous pouvons croire qu'il se présentera dans nos moments de souffrance. Au moment où nous ressentons la présence de Dieu, nous sommes unifiés, mais dès l'instant suivant, nous ressentons son éloignement et nous retrouvons notre morcellement. Nous devons vivre dans cette tension entre proximité et éloignement de Dieu, entre salut et maladie, entre lumière et obscurité, force et impuissance, amour et vide.

De l'obscurité à la lumière

*L*A SPIRITUALITÉ conduit toujours à l'ouverture et à la liberté. La peur et l'étroitesse, l'insistance autoritaire sur les vérités de la foi, l'exercice trouble du pouvoir, attestent d'un manque de spiritualité. La spiritualité est expérience, elle a pour but de conduire les êtres humains à éprouver la liberté intérieure : nous sommes *dans* ce monde mais pas *de* ce monde. Personne n'a de pouvoir sur nous parce que notre noyau est divin. L'homme ne devient homme que si afflue en lui la vie divine. La mission essentielle du christianisme consiste à faire entendre que toute mort constitue le départ d'une autre vie. Toute croix a sa résurrection, toute obscurité contient déjà en germe la lumière de Pâques, aucune souffrance n'est abandon.

Le message de la mort et de la Résurrection est un appel à oser affronter tous les obstacles qui, aujourd'hui, entravent la vie, toutes les croix qui se dressent. La mort et la résurrection de Jésus nous libèrent de l'amertume et de la résignation, elles sont signes de l'espérance par excellence. D'après Carl Gustav Jung, la réussite de notre vie dépend de la manière dont nous gérons la douleur. Rien ne sert de s'arrimer de façon masochiste à la douleur, il faut la traverser pour atteindre la vie.

Nous avons besoin, dès à présent, de nous arracher à l'obscurité pour nous tourner vers la lumière, de sortir de notre espace limité pour nous ouvrir à l'illimité, de nous défaire de la rigidité pour entrer dans la vie, de sortir du tombeau pour être debout. La résurrection se passe ici et maintenant pour chacun mais aussi pour la communauté, lorsque des hommes se dressent contre les injustices, lorsqu'ils osent affronter les obstacles à la vie.

Posséder

L'IMPORTANT, dans la vie, c'est de lâcher prise, d'abandonner la sécurité et les biens, et pas seulement les biens matériels. Nous sommes mis au défi de nous défaire des pensées auxquelles nous tenons tant pour nous laisser conduire sur de nouveaux chemins. En fin de compte, nous devons nous défaire de nous-mêmes. En effet, nous sommes parfois un obstacle pour nous-mêmes. La maturation spirituelle suppose que nous nous détachions de nous-mêmes, que nous renoncions à nous accrocher à notre bien-être, à notre puissance et à notre position.

Nous sommes peut-être dans la position du curé de Bernanos qui, peu avant de mourir, prononce cette prière : « Tu m'as mis complètement à nu, comme seul tu pouvais le faire. » Mais par là, il fait aussi l'expérience de la liberté, il comprend qu'il peut se mettre tout à fait à la disposition de Dieu et, ainsi, devenir fécond pour ce monde.

Être seul

IVRE SEUL, en célibataire, peut être une source de vitalité et de fécondité. La tradition spirituelle considère le célibat comme abandon à Dieu. Je m'abandonne à Dieu pour qu'il me prenne à son service, pour qu'il me conforme à l'image qu'il s'est faite de moi, pour qu'il puisse, par mon intermédiaire, s'exprimer d'une manière singulière dans ce monde. Je m'abandonne aussi aux hommes. Le célibat au service de la communauté a pour but de « faire communauté » et de développer la capacité de comprendre tous les hommes. Le célibat est lié à la liberté. Les anciens appellent cet état *vacare deo*, « être libre pour Dieu ». Cette liberté ne peut être vécue pleinement que si je trouve mon « chez moi » le plus intime en Dieu, si j'arrime mon cœur à Dieu. Pour cela, une qualité de vie adéquate est nécessaire.

La vie célibataire peut permettre, mieux que le mariage, l'épanouissement de la vie. Mais nous ne ressentirons cette vitalité que si nous considérons la sexualité comme la source de la spiritualité et si nous l'intégrons à tout ce que nous accomplissons.

Accepter de vieillir

*L*E PROCESSUS du vieillissement s'accomplira dans de meilleures conditions si je suis capable de prendre en
compte ce qu'il implique pour mon âme.
Affronter sa propre vérité peut être douloureux, il est donc bien compréhensible
que beaucoup évitent cette connaissance
de soi qui les bousculerait. Carl Gustav
Jung évoque certaines des manières d'éviter ce face-à-face avec soi. La volonté à
tout prix de rester jeune en est une. On
refuse d'affronter le vieillissement, on fait
du sport, on imite les jeunes dans sa façon
de se comporter et de s'habiller. On n'hé-
site pas pour cela à se faire violence.

Pour Jung, le déploiement de la vie se
fait selon un demi-cercle. À partir du
milieu de la vie, la courbe s'incline vers
le bas. Si j'accepte cela, la courbe de ma
maturation psychologique ira vers le
haut. Au contraire, si je refuse le vieillissement biologique, en tentant par tous
les moyens de rester jeune, ma ligne de
maturation psychologique ira vers le bas.
Jung voit dans cette obsession de la jeunesse une « perversion » :

> Un jeune qui ne lutte ni ne remporte de
> victoires a manqué le meilleur de sa jeu-
> nesse et le vieillard qui ne sait pas prêter

231

l'oreille au secret des torrents qui bruissent en roulant du sommet des montagnes jusqu'aux vallées est insensé, momie spirituelle, rien d'autre que passé glacé. Il se tient en dehors de sa propre vie, se répétant machinalement, jusqu'au radotage. Que dire d'une civilisation qui a besoin de tels fantômes [24] !

Le chemin va de l'extérieur vers l'intérieur. Nous devons accepter de vieillir et en faire l'occasion de découvrir en nous des mondes nouveaux.

Ne pas esquiver

VIEILLIR, c'est se préparer à la mort. Quiconque cherche à esquiver la mort passe à côté d'une des tâches les plus importantes de sa vie. Carl Gustav Jung observe que les hommes qui, dans leur jeunesse, avaient peur de la vie sont aussi ceux qui craignent, une fois vieux, de mourir.

Je me suis rendu compte que les jeunes gens qui craignent la vie sont justement ceux qui souffrent, plus tard, d'affronter la mort. Quand ils sont jeunes, on prétend qu'il s'agit de résistances infantiles face aux exigences normales de la vie. Une fois vieux, il faudrait dire la même chose, c'est-à-dire qu'ils éprouvent la même peur devant une exigence normale de la vie.

La religion constitue, pour Jung, une école appropriée à la deuxième moitié de la vie, un système de « préparation à la mort ». Pour lui, voir dans la mort l'accomplissement du sens de la vie correspond à l'aspiration de l'âme humaine. Qui ne prend pas en compte cet élément fondamental de l'âme humaine « s'isole psychologiquement et s'oppose au côté le plus humain de son être ». Selon Jung, s'éloigner de la vérité de son âme est la source de toutes les névroses. L'être humain ne peut vivre bien que s'il fait face à la vérité de sa vie et de son âme. Qui prend en compte son âme mais s'oppose à elle entre dans un conflit interne qui le rend malade. « Car – pense C. G. Jung – il est tout aussi névrotique de ne pas se préparer à la mort comme but que de refouler les aspirations de la jeunesse concernant l'avenir. » Dans l'agitation incessante de beaucoup de personnes âgées, Jung voit une fuite devant la réalité. Elle s'avère toujours vaine même si elle donne le sentiment de fuir l'absurdité de la vie. On ne peut surmonter cette absurdité que si l'on fait face à sa propre mort.

Ars moriendi

*R*EGARDER la mort en face, libéré de toute peur. Un Père du désert se vit demander pourquoi il n'avait jamais peur. Il répondit qu'il regardait, chaque jour, la mort en face. Apprendre à mourir constitue la tâche spirituelle la plus importante, une fois l'âge venu. Beaucoup de livres parlent aujourd'hui des *Near Death Experiences*, les « expériences de mort imminente » faites par des personnes mortes cliniquement. Toutes s'accordent sur le fait qu'elles ne craignent plus la mort et qu'elles vivent désormais plus intensément et plus consciemment. Elles éprouvent complètement le mystère de la vie. Vivre en regardant en face la mort pourrait nous procurer une vie plus riche et nous conduire à un éveil du cœur.

Nos contemporains craignent non seulement la mort et ce qui advient après, mais bien plus encore, l'état de dépendance que provoque la maladie. Dépendre de l'aide d'autrui, ne plus avoir toutes ses facultés, ne plus être considéré comme une personne autonome va à l'encontre de notre dignité. Je m'imagine souvent ce qu'il pourrait advenir de moi-même si je perdais mon autonomie, si je

nécessitais des soins permanents, si je
n'arrivais plus à écrire, à penser ou à parler. Et je me rends compte que cela n'est
pas facile à imaginer. Mais si je me
demande : « Qu'est-ce qui te motive,
qu'est-ce qui fait ta valeur ? », je sens
alors en moi une dignité inaliénable que
nul ne peut m'ôter, pas même la maladie
ou la déficience mentale. La maladie
serait alors l'apprentissage de la
confiance. Je ne peux plus rien garder,
pas même mon intelligence. Je ne peux
que m'abandonner dans Ses mains dans
la confiance que tout est bien ainsi. Une
de mes tantes, qui enseignait dans un
couvent et parlait beaucoup, a perdu
l'usage de la parole durant les cinq dernières années de sa vie. Nous l'avons vue
se détacher de la parole qui lui était si
précieuse pour entrer dans une dimension plus profonde. Dans le silence, son
visage devint plus lumineux.

Accepter et lâcher prise

*L*A SOUFFRANCE est une part essentielle de la vie humaine. Nous ne
pouvons l'éviter. Nous ne réussirons
notre vie que si nous trouvons le moyen
de prendre en charge cette souffrance

incontournable. Pour Carl Gustav Jung, celui qui évite la souffrance devient souvent sujet à névrose. La névrose est l'ersatz de la souffrance liée à l'existence humaine, à ses limites, à la maladie. Elle ne peut être guérie que lorsque l'être humain abandonne, grâce à elle, l'idée erronée qu'il s'est faite de la vie : « Ce n'est pas elle (la névrose) qui est guérie, mais elle qui nous guérit. » Nous devons nous réconcilier avec notre maladie et, alors, nous découvrirons « l'or véritable que nous n'avons trouvé nulle part ailleurs » Jung perçoit, dans la croix de Jésus-Christ, un moyen pour nous réconcilier avec notre souffrance. Le professeur Uhsadel, théologien évangélique, rapporte une conversation qu'il a eue avec Jung. Jung lui montre une reproduction de la crucifixion, dans son bureau, et lui dit :

Voyez-vous, voilà ce qui est pour nous déterminant. [...] L'homme doit en finir avec le problème de la souffrance. En Orient, l'homme cherche à se débarrasser de la souffrance en renonçant à la souffrance. En Occident, l'homme essaie de réprimer la souffrance par des drogues. Mais la souffrance doit être dominée et on ne peut la dominer qu'en la supportant. Cela nous l'apprenons à travers lui[25].

Accepter la croix est, selon Jésus, la vie véritable. Cela veut dire aussi se réconcilier – notamment à un âge avancé – avec ce qui fait obstacle à notre chemin. C'est entrer de plus en plus dans le mystère de Dieu.

Apprendre à mourir et accepter la souffrance – tâches essentielles du grand âge –, c'est se réconcilier avec les épreuves de la vie, ne pas s'agripper au passé, lâcher prise sur le plan professionnel, social, ne pas regretter sa force et sa santé, s'abandonner entièrement à Dieu. Accepter et lâcher prise, deux éléments essentiels du devenir humain, doivent être assumés, d'une manière nouvelle et avec détermination.

Accepte la métamorphose

*N*OUS empruntons souvent des chemins spirituels en espérant qu'ils nous conduiront à éprouver une métamorphose intérieure. Mais bien souvent, nous restons, en dépit de cette recherche, rivés à notre ego. C'est *notre* chemin, *notre* idée de la spiritualité que nous suivons.

La vie nous transforme lorsque nous la regardons en face. Regarde ta vie et demande-toi : Qu'est-ce qui t'a le plus transformé ? Les chemins que tu as recherchés toi-même ou bien les événements qui ont surgi sur ta route, qui t'ont « mis sur le gril », qui t'ont laissé le sentiment de ne plus pouvoir continuer à vivre ?

Il n'est nul besoin de partir en quête de ce qui te transformera, laisse advenir la métamorphose à laquelle te pousse la vie.

Au cœur des blessures, la vie

*L*E CHEMIN vers la vie authentique passe par les blessures que les autres m'infligent. Elles me font ressentir aussi qu'une autre vie existe que celle qui me conduit à être bien devant les autres. C'est justement par mon point faible que s'accomplit la force de Dieu. Tous les êtres humains portent des blessures.

Quelles sont tes blessures ? Tu les reconnais lorsque tu prends en compte tes points sensibles.

À quel moment réagis-tu de manière inappropriée à la critique ?

Observe tes blessures et réconcilie-toi avec elles. La blessure t'ouvre à ton véritable Moi. Elle te maintient en vie. Elle t'oblige à continuer à te transformer et à grandir. Elle t'oriente vers Dieu, véritable médecin de l'âme.

Observe tes blessures et découvre en elles la vie qui afflue en toi.

Au cœur de la peur, la confiance

ÉVAGRE le Pontique a développé diverses méthodes pour gérer nos pensées et nos émotions. La méthode antirrhétique, par exemple : pris dans les pensées qui nous rendent malades, nous nous répétons une parole de l'Écriture afin que la parole divine soigne notre âme. La peur se traduit souvent par des expressions comme « J'ai peur », « Je ne peux pas », qui nous écrasent. Nous pouvons alors réciter ce verset du psaume 118 : « Yhwh est pour moi, plus de crainte ; que me fait l'homme, à moi ? » Il ne s'agit pas de chasser les pensées négatives mais de les transformer, de découvrir la confiance au sein même de la peur. Une autre méthode consiste à se familiariser avec ses pensées et ses émotions jusqu'à dialoguer avec elles. Nous pouvons alors voir d'où elles proviennent, ce qu'elles représentent et le message dont elles sont porteuses. Au lieu de lutter contre les pensées et les émotions, contre les pulsions et les passions, nous recherchons en elles ce qui nous conduit à la vie et nous les reconnaissons comme des anti-modèles qui nous éloignent de la liberté et de l'unité. L'art consisterait à nous laisser conduire à Dieu par ces pensées et ces émotions. Évagre nous indique la voie. Il nous faut nous laisser conduire vers Dieu par notre peur en entrant en elle, en dialoguant avec elle, en lui demandant ce qu'elle a à nous dire. Plus nous luttons contre la peur, la colère, la jalousie, la dépression et plus elles offrent de résistance. Nous nous enfermons alors dans ce cercle vicieux.

La discipline

ARCE qu'à l'époque du national-socialisme la discipline et l'ordre ont été poussés à l'extrême, nous les avons négligés pendant plusieurs décennies. Nous pensions pouvoir nous en sortir sans discipline. « Celui qui combat sans méthode combat en vain », dit un moine. Une méthode est nécessaire pour avancer sur la voie de la formation et pour devenir adulte. Pour John Bradshaw, la discipline est l'art d'amoindrir la souffrance de vivre. Sans discipline, l'être humain souffre de lui-même, du désordre de son âme et de sa vie. Pour Hildegarde de Bingen, la discipline a pour but de nous conduire à nous réjouir partout et toujours. Dans la discipline, nous apprenons à assumer notre vie plutôt qu'à la subir. Nous la prenons en main et lui donnons forme.

Les Grecs parlaient d'ascèse, qui est discipline, entraînement. Le sportif s'entraîne pour atteindre son objectif, le philosophe s'entraîne à la liberté intérieure. On ne peut sortir de la dépendance sans ascèse. Elle est à la fois renoncement et entraînement à la liberté intérieure. Sans renoncement, disent les psychologues, l'enfant ne peut pas développer de Moi fort. Qui en est réduit à satisfaire immédiatement ses désirs ne sera jamais adulte. Il faut supporter le manque pour pouvoir développer ses potentialités. L'ascèse me donne le sentiment de n'être pas simplement victime de mon éducation mais aussi de pouvoir imprimer ma propre marque à ma vie.

L'ascèse stimule le désir de vivre. J'ai envie de m'entraîner à faire surgir de moi-même toutes mes potentialités. Sans ce désir de vivre, on ne peut surmonter la dépendance pathologique. Seul celui qui apprend à différer un désir par l'ascèse peut vraiment jouir de sa réalisation.

L'ascèse augmente la jouissance, alors que la dépendance l'entrave.

Ne t'enferme pas dans ta souffrance

L ES DÉCEPTIONS constituent le lot de notre vie. Ainsi, les parents se tourmentent des errements de leurs enfants ; d'autres connaissent la souffrance consécutive à la rupture d'une relation, la souffrance infligée par les autres, ou encore l'échec, l'abandon, la solitude. Quelle que soit la cause de ta souffrance, utilise-la pour rechercher un appui. Parle avec ceux qui peuvent te comprendre, ne t'enferme pas dans ta douleur mais ouvre-t'en à quelqu'un ou à Dieu. Alors, au cœur même de ta souffrance, tu feras l'expérience de la consolation, de la sécurité, de l'espoir et de la confiance.

Sors de ton désert intérieur

N OUS CONNAISSONS tous des périodes de désert intérieur, pendant

lesquelles nous avons le sentiment d'être
inféconds, vidés. Quand tu es dans cet
état, tu « fonctionnes » encore, certes,
mais rien ne sort plus de toi, tout est figé
par la routine. Chercher le contact avec
ta source intérieure peut être un moyen
d'en sortir.

C'est en toi que se trouve la source de
l'Esprit-Saint. Lorsque tu entres en
contact avec elle, ta vie redevient
féconde, elle jaillit de toi, elle afflue et
rayonne autour de toi. Prie Dieu qu'il
veuille bien t'offrir la pluie de son esprit
afin que les champs desséchés que tu
abrites portent à nouveau des fruits,
pour toi-même comme pour les hommes
qui t'entourent.

Reste en mouvement

IVRE signifie être en chemin. Sois
attentif au chemin que tu parcours. Lorsque tu entreprends une randonnée, une promenade, observe chacun
de tes pas. Tu sentiras alors combien la
marche est une image essentielle de notre
vie. Nous avançons, libérés de tout lien
et toute attache, nous allons toujours
plus loin. Nous ne restons pas immobiles
et nous sommes prêts à évoluer à chaque

pas. Marcher peut nous transformer lorsque nous sommes conscients d'aller vers un but. « Où allons-nous ? – Toujours chez nous », écrit Novalis. Lorsque tu marches, vérifie que tu restes intérieurement en mouvement, que tu parcours aussi ton chemin intérieur et qu'il te conduit à Dieu.

Tension féconde

QUI N'A JAMAIS connu de déchirements intérieurs ? Quels sont les différents pôles en toi ? Comment fais-tu coïncider les contraires : amour et dureté, aspiration au calme et élan extérieur, introversion et extraversion, écoute de soi et mépris du corps, tristesse et joie, confiance et peur, communauté et solitude ?

La tension entre ces différents pôles peut déchirer un être humain. Elle peut aussi contribuer à faire jaillir la vie. Sans tensions, la vie ne circule pas.

Laisse la tension de ton cœur devenir féconde, mais reste sensible aussi au moment où cette tension devient trop forte pour toi. Recherche la tension qui fait affluer en toi la vie et l'amour que tu pourras faire rayonner autour de toi.

Cherche la sérénité

ELUI qui veut se transformer, grandir et mûrir a besoin d'un espace de tranquillité. « Ce qui croît ne fait pas de bruit », affirme un proverbe. Pour que quelque chose de neuf naisse, il y faut la protection du silence. La psychologie des profondeurs conçoit ce silence comme un espace maternel, nécessaire à l'être humain pour qu'il renaisse sans cesse.

C'est ce que veulent dire les mystiques quand ils parlent du calme comme lieu où Dieu peut advenir. Ils voient dans cette advenue de Dieu le symbole de la métamorphose qu'il a conçue pour nous. Cet événement nous conduit à trouver la place qui nous revient dans le dessein de Dieu. Il n'est possible que si nous faisons taire les voix, tant intérieures qu'extérieures, qui nous distraient et cherchent à nous diriger. Lorsque nous affrontons le silence, toute notre attention se concentre sur ce grand mystère de la nouvelle naissance.

Dans le silence, nous faisons taire nos pensées, nos désirs et tout ce qui nous influence. Nous lâchons prise et nous sommes en mesure de découvrir un autre fondement en nous-mêmes.

Dans la liturgie dominicale de l'octave de Noël – Noël étant la fête de la naissance et d'un nouveau commencement –, il est question du silence profond qui enveloppait tout. Les mystiques évoquent cet événement par des images débordantes de promesses : des roses fleurissent dans les épines, une source vivante jaillit du rocher, la lumière remplace l'obscurité, les déserts deviennent fertiles.

Sans violence

UTREFOIS, j'estimais devoir changer, devoir tout faire autrement. Le changement contient quelque chose de violent. Je veux changer ma manière d'être parce que je ne suis pas bien tel que je suis. La métamorphose est plus douce. Tout a le droit d'exister mais chaque élément peut se transformer. Dans la métamorphose, le singulier transparaît dans le général et l'image que Dieu a de moi apparaît en toute lumière. L'âge venant, nous sentons bien que nous ne pouvons plus changer grand-chose, que certains idéaux s'éloignent définitivement. La métamorphose serait alors le chemin spirituel par excellence. Je pré-

sente devant Dieu tout ce qui est en moi,
y compris ce qui est pauvre et infirme, ce
qui est abîmé et blessé, ce qui est resté
sur le bord du chemin (voir Luc 14, 23),
afin que Dieu puisse le transformer. Jour
après jour, je présente à Dieu ma vie
dans sa pauvreté confiant que, dans sa
magnificence, il la métamorphosera.
Mais seul ce que nous présentons à Dieu
peut être transformé.

Prends soin de toi

*C*E SE RECONNAÎTRE le côté maternel de
ta personnalité, recueille dans tes
bras l'enfant blessé que tu portes en toi.
Il n'est nul besoin d'attendre indéfiniment de ta mère l'amour auquel tu aspires, les mots de reconnaissance dont tu
as tant besoin. Sois pour toi-même une
mère. Accorde-toi de l'amour et offre-toi
la sécurité dont l'enfant blessé et orphelin que tu abrites a besoin. Il y a en toi
un fort sentiment maternel parce que tu
participes à l'amour et à la puissance
maternels de Dieu.

L'oubli de soi

« $\mathcal{C}$ 'EST une grande grâce de pouvoir s'accepter soi-même, mais c'est une grâce suprême de pouvoir s'oublier », affirmait Georges Bernanos.

S'oublier, s'asseoir et contempler, en présence de Dieu : celui qui atteint cet état connaît déjà l'éternité dans laquelle nous vivrons en Dieu pour toujours. Il fait aussi l'expérience d'une grande liberté.

L'oubli de soi, pouvoir se détacher de son ego, est une chance d'éprouver la liberté dans la vie concrète.

La liberté ne relève pas d'une performance que je devrais accomplir, elle est plutôt l'expression que je vis conformément à ce que je suis, conscient de mes limites comme de mes capacités.

Mais la véritable liberté consiste à pouvoir aimer en s'oubliant.

L'ascèse est bénéfique

$\mathcal{L}$ 'ASCÈSE est un entraînement à la liberté intérieure. Mais elle ne doit pas aller à l'encontre de l'être humain et de sa structure psychique. Elle s'inscrit dans une image positive de l'homme. Nous ne sommes pas seulement soumis aux aléas de notre vie, à ses blessures et à ses retournements : il nous est possible de travailler sur nous afin de nous exercer à la liberté intérieure. Nous devons aussi reconnaître les limites de notre ascèse. Nous n'avons pas le pouvoir d'obtenir tout ce que nous voulons. Nous devons apprendre à nous connaître et trouver la mesure qui nous convient. Toute démesure – c'est ce que disaient les anciens moines – vient des démons.

L'ascèse a à voir avec le renoncement, la limitation en ce qui concerne l'alimentation, la quête d'information, le besoin de s'exprimer et d'agir. L'ascèse peut nous conduire à décider en toute liberté de ce que nous devons manger et boire, quand et comment nous devons parler, et comment nous devons travailler. Elle nous donne le sentiment de déterminer nous-mêmes notre vie au lieu de la subir de l'extérieur. Nous menons une vie à notre mesure au lieu d'être soumis aux contraintes externes. L'ascèse consiste aussi à nous exercer à adopter une attitude positive comme l'oubli de soi, la disponibilité aux autres, l'amour du prochain, l'ouverture à Dieu, la bonté et la charité. Ces attitudes rendent l'être humain bon. Les vertus auxquelles l'ascèse nous exerce constituent la condition de notre aptitude à vivre et à réussir notre vie.

*Va jusqu'au bout
de ton désir*

Tout commence par le désir

Ce que cache la dépendance

NOTRE ÉPOQUE est celle de la désillusion, le scepticisme et le cynisme sont de plus en plus répandus. Le côté visionnaire a complètement disparu. Le désir se ramène, pour beaucoup, à une *fata Morgana*. Pourtant, même dans notre époque postmoderne et désillusionnée, l'homme a du mal à se passer entièrement du désir. Il suffit d'écouter les nombreuses chansons à la mode qui évoquent ce désir enfoui et le besoin d'amour. Le désir enfoui sous-tend les attentes qu'éveille et que cherche à combler la société de consommation. Les désirs sont des produits marchands. Ils se cachent derrière de multiples ersatz. La presse *people* exprime le besoin que nous avons, tous plus ou moins, de participer à la gloire des champions ou des stars et de côtoyer les têtes couronnées.

Aujourd'hui, c'est surtout derrière la dépendance que le désir se dissimule. Elle correspond toujours à un désir refoulé. Dans la dépendance, je recherche ce à quoi j'aspire au plus profond de mon

cœur, sans reconnaître ce désir. J'aimerais contourner mon désir [*Sehnsucht*]
tout en obtenant ce que je recherche. Le
mot *Sucht*, « dépendance », vient du
moyen haut-allemand *siech*, qui signifie,
« malade ». Aujourd'hui, on associe
Sucht à *Suchen*, « rechercher ». La dépendance rend « malade ». Je m'enferme
pathologiquement dans une dépendance
dont j'ai l'impression qu'elle m'offre ce
que je recherche. Mais je n'arrive jamais
à obtenir vraiment ce que je cherche.

Dans la dépendance, nous aspirons à
retrouver le paradis du ventre maternel.
Nous avons du mal à le quitter. Nous
refusons d'assumer la responsabilité de
notre vie. Nous ne voulons pas devenir
adultes. Habitués à être gâtés, nous ne
sommes pas prêts à affronter la vie. Nous
restons englués dans la consommation
au lieu de nous ouvrir à la vie.

Prends ta vie en main

C', EST PARCE QUE mon désir m'apprend à accepter la vie telle
qu'elle est qu'il impose une discipline.
Que j'apprenne durant toute ma vie fait
de moi un élève, un *discipulus*. La dépendance prolonge l'état infantile. La disci-

pline me conduit dans la vie, elle m'apprend à prendre ma vie en main, à me donner des indications claires. « Discipline », en latin, veut dire : enseignement, leçon, mais aussi l'ordre et la méthode avec lesquels j'aborde cet enseignement. Certains estiment que ce mot vient de *discere*, « apprendre ». Mais il est possible qu'il provienne plutôt de la racine *capere*, « prendre », « saisir » ; et de *dis-cipere*, « séparer pour saisir ». Je prends quelque chose en main, je le décompose pour comprendre ce qu'il contient. La discipline n'est pas quelque chose de passif à quoi je me soumettrais, mais quelque chose d'actif. Je prends ma vie en main, je l'analyse et me demande comment je pourrais la construire pour vivre vraiment et non subir une vie imposée de l'extérieur.

Le vide au cœur de l'abondance

*L*ES PERSONNES qui ont atteint tout ce à quoi elles aspiraient sont souvent habitées d'un sentiment de vide intérieur. « L'un veut être élu footballeur de l'année, l'autre promu *summa cum laude*, gagner le cœur du partenaire idéal, posséder suffisamment d'argent pour mener grand train », dit Christina Grof. Au cœur de cette profusion, un vide se fait sentir, le désir d'autre chose, désir qui ne cesse de croître.

Rien de terrestre, aucun succès, aucun être aimé, ne peut combler notre intranquillité intérieure. Nous ne trouverons la paix que si nous atteignons la source intarissable au plus profond de nous-mêmes, la patrie dont nous ne serons jamais chassés, l'amour infini qui ne peut nous échapper.

Se payer un bonheur rêvé

ON NE PEUT se détacher que de ce que l'on accepte, disaient les Pères de l'Église. Il ne sert à rien de porter un jugement négatif sur notre dépendance, elle ne pourrait qu'en être plus prégnante. La combattre directement redoublerait sa résistance. Nous devons questionner le désir qui nous conduit à la dépendance.

À quoi est-ce que j'aspire lorsque je me laisse aller à boire trop d'alcool ? Je voudrais fuir la banalité du quotidien, éprouver autre chose, afin de me sentir, au-dessus des petitesses de la vie, dans un monde plus beau. Pour André Gide, en buvant nous cherchons à nous procurer illusoirement ce que nous ne pouvons obtenir réellement. Nous nous payons un bonheur rêvé que nous poursuivons en vain. Et Gide ajoute cette triste constatation : « Le plus terrible c'est que nous ne sommes jamais assez enivrés. » Boire ne comblera jamais tout ce à quoi j'aspire. La boisson ne conduit qu'à un bonheur rêvé, ce qui rend d'autant plus malheureux. Je renonce aux voies concrètes qui pourraient me rapprocher du bonheur.

À quoi est-ce que j'aspire lorsque je suis incapable de me détacher de mon travail ? Je cherche à masquer la béance spirituelle à laquelle me conduirait l'absence d'occupation. Je me fuis moi-même, je ne peux m'accepter, je refuse de me regarder en face dans le silence. Ou bien je cherche une reconnaissance. J'accomplis de plus en plus de tâches dans l'espoir d'être remarqué. Je recherche les relations pour me sentir exister, pour me sentir digne d'être aimé. Je voudrais être accepté inconditionnellement tant par les autres que par moi-même.

Il me faut analyser en profondeur mes dépendances. Est-ce que l'état de bien-être obtenu avec l'alcool m'apporte tout ce que j'attends ? Mon attente n'est-elle pas plus grande ? Ne suis-je pas en quête d'une réalité spirituelle ?

En quête de moi-même

*L*A QUESTION que nous nous posons durant les sessions spirituelles est celle-ci : « Quel est ton désir le plus profond ? » Il n'est pas toujours possible de répondre immédiatement. Mais lorsque j'affronte cette interrogation, toute l'obstination consacrée à me rendre meilleur devient inadéquate. Tout l'investissement intellectuel que j'y ai mis passe au second plan. Je m'ouvre à moi-même, j'écoute mon cœur, je réponds à ma propre vocation. Qui suis-je au fond ? Quelle est ma mission ? Quelle trace aimerais-je laisser en ce monde ? La question concernant mon désir le plus profond ne me conduit pas seulement à Dieu mais aussi à répondre singulièrement au désir que Dieu a de moi. Dieu aussi est en quête de moi, c'est ce que nous disent les mystiques. Mechtilde de Magdebourg s'adresse ainsi à Dieu : « Ô Toi, Dieu, au désir brûlant ! » Dieu désire aimer l'homme. Lorsque je m'interroge sur mon aspiration la plus profonde, je m'aperçois que je voudrais répondre à sa quête et à son amour pour moi.

Mon désir le plus profond consiste à me laisser traverser par l'amour et la bonté de Dieu, sa miséricorde et sa douceur, sans les dénaturer par mon égoïsme et par mon besoin de reconnaissance. C'est ce que les anciens moines appelaient pureté du cœur.

Aie confiance en ton désir

*A*IE CONFIANCE en ton désir – et ton cœur s'ouvrira. Ton désir te conduit au-delà des limites de ton ego et relativise les difficultés dans lesquelles tu te débats. Il te libère de la contrainte de retenir tout ce qui est beau et agréable. Tu peux certes t'en réjouir, mais il est préférable de ne pas t'y accrocher. Le désir t'aide à rester détaché en dépit des conflits qui jalonnent ta vie. Tout ce qui ne comble pas tes attentes peut faire grandir ton aspiration profonde. Ainsi, au lieu de réagir par la frustration et la tristesse, tu feras preuve de confiance et de liberté intérieure. Aucun obstacle ne peut enlever son amour à celui qui fait confiance à son désir profond, ou le rendre indigne d'être aimé. Au contraire, ce désir s'en trouvera grandi et renforcé. Aie confiance en ton désir – et en lui tu éprouveras joie et sérénité.

Passer de la dépendance à l'aspiration profonde

*S*ORTIR de la dépendance suppose toujours deux stratégies : l'une consiste à se donner des règles claires, l'autre à aller jusqu'aux racines de cette dépendance. Si j'analyse ma dépendance, que m'apprend-elle sur moi ? Que m'apporte-t-elle ? Je me rendrai compte qu'elle recèle mon aspiration la plus profonde. Et je ne pourrai sortir de cette dépendance que si je suis capable d'entendre ce que je désire au plus profond de moi. Prendre en compte cette aspiration n'est pas une fuite devant la réalité de la dépendance mais la voie qui permet de transformer la dépendance. Pour réussir dans cette voie, il faut que j'oppose quelque chose à la dépendance. En construisant un barrage, je peux transformer la force de l'eau en électricité, donner à l'énergie une autre forme.

Ernesto Cardenal ouvre son livre consacré à l'amour sur ces mots :

Dans les yeux de chaque être humain réside une aspiration inextinguible. Dans les pupilles des hommes de toutes les races, dans le regard des enfants et dans celui des vieillards, des mères et des amantes, dans les yeux du policier et dans ceux

260

de l'employé, de l'aventurier, du meurtrier, du révolutionnaire et du dictateur, et dans ceux du saint : dans tous brille la même étincelle du désir insatiable, brûle le même feu secret, se creuse le même abîme, transparaît la même soif de bonheur et de joie infinie.

Chaque être humain, pour Ernesto Cardenal, aspire à un amour inconditionnel, un amour qui seul peut lui rendre la vie digne d'être vécue et qui lui montre qu'il est unique et précieux. « Le désir est l'origine de tout », dit Nelly Sachs. Par le désir, l'homme se met sur le chemin qui le conduira à lui-même. Sans désir, il ne serait pas véritablement homme. Sans désir, il se pétrifierait et perdrait de sa vitalité.

Pour Rainer Maria Rilke, Dieu a transmis à chacun une parole avant de l'envoyer dans ce monde obscur : « Poussé vers l'extérieur par tes sens, / Va jusqu'au bout de ton désir ; / Et donne-moi un habit. » Le désir est insufflé au cœur de l'homme ; il le pousse à s'ouvrir au monde pour en découvrir la beauté et pour chercher Dieu, par-delà la beauté, derrière chaque chose. La musique est un des moyens d'atteindre les limites de notre désir. La musique merveilleuse de Schubert touche à ces limites, elle rend audible l'aspiration profonde de l'homme. Ce n'est que dans la mesure où elle trouve à s'exprimer que cette aspiration peut nous sauver. Faute de lui donner une expression, notre désir se réfugiera dans la dépendance pathologique.

Rilke évoque l'aspiration profonde, dans un autre poème : « Voici ce qu'est le désir : habiter le courant / Et ne pas avoir de patrie dans le temps. » Le désir consiste à s'inscrire dans les vicissitudes du moment et à habiter l'intranquillité de notre chemin. Mais comment réussir à habiter dans le courant ? Le désir est comme une patrie au cœur du tumulte. Quand nous écoutons de la musique, nous avons le sentiment que nous habitons, en cet instant, au cœur du tumulte de notre vie, au cœur de nos conflits, de nos déceptions, de notre désir.

« Voir conduit à la liberté, entendre au sentiment de sécurité », a dit Martin Heidegger. Par la musique naît un espace de sécurité dans lequel nous trouvons à habiter. Quiconque habite ainsi dans son désir ressent que ce désir ouvre son cœur et qu'une vitalité nouvelle l'envahit. Mais après nous avoir invités à habiter le courant, Rilke nous rappelle que notre patrie n'est pas dans le temps. Nous ne pouvons pas demeurer dans le temps, nous ne pouvons pas suspendre le cours du temps. Il nous oriente vers un ailleurs, vers une patrie qui ne peut naître que lorsque le ciel et la terre, le temps et l'éternité coïncident ici-bas.

Au-delà du monde

*C*OMMENT accéder à notre aspiration profonde ? Un des moyens pour y arriver est d'analyser les désirs, les passions, les dépendances, les espoirs qui jalonnent notre vie et d'y débusquer notre aspiration la plus intime. Un autre moyen est de nature spirituelle. Lorsque, dans le *Notre Père*, nous disons : « Que ton règne vienne », nous ne supplions pas Dieu – comme nous le dit saint Augustin – de faire advenir son règne, mais nous stimulons plutôt en nous l'aspiration que nous avons de ce règne. Pour Augustin, les Psaumes sont des chants de nostalgie. En les entonnant, la nostalgie d'une vraie patrie en Dieu grandit en nous. Augustin rapproche les Psaumes des chants entonnés par les pèlerins qui, pour échapper aux brigands, préféraient marcher la nuit. Pour lutter contre leur peur, ils chantaient leur pays natal. Pour Augustin, nous chantons notre pays natal lorsque nous sommes en terre étrangère afin de surmonter notre angoisse et de stimuler notre désir de Dieu.

Pour Augustin, le chant constitue la forme la plus élevée de la prière. Il a élaboré une véritable théologie du chant. « *Cantare amantis est* », « chanter appartient à celui qui aime » : seul celui qui aime peut chanter. Le chant conduit l'être humain vers l'intériorité, vers l'*intimum domus meae* – « au plus intime de ma demeure ». Lorsque tu écoutes de la musique, le son te parvient de l'extérieur, mais lorsque tu chantes, tu es conduit jusqu'à l'espace intérieur où tu te sens entièrement chez toi. Une fois arrivé dans cet espace intérieur, chez toi, toute dépendance pathologique disparaît car le paradis qu'elle recherche à l'extérieur, tu l'as trouvé en toi. Quiconque accède à son être le plus profond ressent en lui quelque chose qui excède ce monde et instaure, au cœur du tumulte, un espace où il se sent en sécurité.

Le but ultime

SI NOUS RECHERCHONS la richesse à tout prix, aucune possession n'arrivera à combler notre désir. Dans cette quête de la richesse, il y a une aspiration à la tranquillité, à vivre enfin en paix. Mais la fatalité veut que nous finissions possédés par notre désir de possession, ce qui nous pousse toujours plus dans l'intranquillité. La recherche du succès cache un fort désir d'être reconnu à sa propre valeur. Nous savons bien pourtant qu'aucun succès n'arrivera à apaiser notre désir.

Nous ne pouvons ressentir notre véritable valeur qu'en Dieu. Chaque être humain aspire, en fin de compte, à être aimé et à aimer. Il suffit de lire la presse pour voir combien de ces aspirations restent insatisfaites et échouent dans la solitude et le désespoir. Pourtant, tout amour, aussi mince soit-il et fût-il réduit à la simple attirance sexuelle, est un désir d'amour absolu, un désir de Dieu. Selon Augustin, « notre cœur ne peut trouver le repos qu'en [...] Dieu ». L'être humain a une faim insatiable d'absolu quand il recherche une patrie, la sécurité, le paradis perdu quand bien même, d'un point de vue extérieur, le désir se dirige vers d'autres buts. Même les hommes qui se sont détournés de Dieu ressentent ce désir d'absolu, d'un monde autre. Lorsque nous analysons chacun de nos souhaits, nous y retrouvons ce désir. Augustin disait : « Je ne crois pas qu'il existe quelque chose à quoi j'aspire plus qu'à Dieu. » Toute sa vie il a cherché. D'abord dans les relations avec une femme, puis dans la philosophie et la science, dans la réussite et l'amitié, pour reconnaître finalement que le véritable moteur de sa quête était Dieu. Son cœur ne trouva le repos qu'à ce moment-là.

La musique fait renaître à la vie

Q UAND NOUS écoutons une musique sublime, nous pouvons éprouver le mystère auquel aspire notre âme. Elle lui donne des ailes qui lui permettent de se rendre là où elle est vraiment chez elle. La musique peut aussi faire naître à la vie un cœur qui, au fond de sa dépression, se sent comme mort, enfermé dans la tristesse et le manque de perspectives. La musique fait résonner un cœur pétrifié. Laisse s'exprimer tes sentiments, y compris la tristesse et la mélancolie. Ton humeur dépressive a droit elle aussi à l'existence. Ne te crois pas obligé de la combattre. Il ne te sert à rien de t'obliger à être toujours gai puisque tu ne l'es pas toujours, qu'il t'arrive d'être triste. Pour sortir d'un état dépressif, deux moyens s'offrent à nous. Le premier consiste à laisser s'exprimer cet état en écoutant une musique qui s'accorde avec la mélancolie. Une musique triste peut toucher si justement mon cœur qu'elle peut métamorphoser ma tristesse. Tristesse et mélancolie sont aussi des formes d'expression de la vie. Le second moyen consiste à contrecarrer cet état en écoutant une musique joyeuse. Lorsque je me laisse porter par la musique, lui livrant mes idées noires, je peux percevoir, au cœur de ma tristesse, la joie enfouie au plus profond de moi. La musique fait renaître à la vie.

Le désir :
une ancre jetée dans notre cœur

*L*E DÉSIR est ce que l'homme a de plus précieux en lui. Il est l'ancre jetée dans notre cœur par Dieu qui veut nous rappeler que notre cœur ne peut trouver la sérénité dans le provisoire. Le désir exprime quelque chose qui est au-delà de ce monde, quelque chose sur quoi le monde n'a pas d'emprise. Le désir sanctifie l'être humain. Celui qui accède à son aspiration la plus profonde voit ses difficultés, son malaise, ses blessures se relativiser. Il sent alors que tout ce dont il souffre contribue à stimuler encore plus son désir. Il s'approche au plus près de Dieu. Le désir est le sceau que Dieu a imprimé dans le cœur de l'homme. Notre aspiration la plus profonde nous fait éprouver l'amour de Dieu au cœur de ce monde froid et sombre.

Une stabilité éternelle

ELON AUGUSTIN, l'homme est dans le temps mais aspire à l'éternité. Ainsi il écrit :

> Toi, qui me consoles, Seigneur, de toute éternité, tu es mon père, et moi, je suis tombé en des temps dont j'ignore l'ordonnance, où de tumultueuses vicissitudes mettent en pièces avec mes pensées les entrailles du fond de mon âme, jusqu'à tant qu'en toi je me jette, affiné, liquéfié au feu de ton amour[26].

Lorsque nous sommes unis à Dieu dans son amour, le temps est suspendu, laissant place à l'éternité. Notre vie éprouve alors une stabilité éternelle au cœur même du temps.

Augustin souffre de l'aspect éphémère de la temporalité. Rien n'est stable, rien ne laisse matière au repos :

> Dans ce monde, les jours passent ; les uns s'en vont, les autres viennent et aucun ne reste. Même les instants pendant les-

quels nous parlons s'évincent l'un l'autre,
la première syllabe disparaît laissant résonner la suivante. Alors que nous parlons,
nous avons déjà vieilli et sans aucun doute
je suis, à présent, plus vieux que ce matin.
Ainsi, rien n'est stable, tout passe dans le
temps. C'est pourquoi nous devons aimer
celui qui est à l'origine des temps, afin
d'être libéré du temps et ancré dans l'éternité où l'instabilité du temps n'existe plus.

Le désir d'éternité est également, pour
Augustin, un désir de permanence, l'aspiration à un bonheur qui se prolonge, à
un amour durable, à une vie réussie. À
une époque de bouleversements, Augustin aspirait à une stabilité. Il la trouva en
Dieu, qui est au-delà du temps et des
changements. Puisque notre époque ressemble à la sienne, nous pouvons ressentir et comprendre son désir d'éternité au
sein du temps.

*Prends ta vie en main
au lieu de la subir*

Choisis, aujourd'hui, la vie

Là où est la vie
se trouve aussi le bonheur

« 𝒮I TU VEUX être heureux, vis » : c'est toute la simplicité de l'art de vivre tel que l'entend Léon Tolstoï.

On ne peut aspirer directement ni au bonheur ni à la joie. Qui veut être heureux doit assumer la vie avec ses hauts et ses bas. Le bonheur est l'expression d'une vie accomplie. Si je prends la vie avec tous mes sens, si je la vis pleinement, je trouverai, au sein même de la vie, le bonheur. Comme la vie, le bonheur ne se laisse pas capturer. La vie ne cesse de s'écouler, traversant parfois de sombres vallées et devenant, à l'occasion, cascade. La vie se niche aussi dans la douleur. Ainsi, chacun de nous a une idée du bonheur : dans la souffrance qui m'ouvre au prochain, dans la joie partagée, dans les efforts que je fais pour arriver au sommet d'une montagne, dans la détente que j'éprouve en nageant.

Partout où se manifeste la vie se trouve aussi un signe du bonheur. Tout comme il est difficile d'observer la vie de l'extérieur et de l'analyser, il est difficile de considérer le bonheur comme quelque chose d'objectif. Il s'installe chez celui qui est dans la vie, qui s'adonne à elle avec tous ses sens.

Dans la sérénité

« *L*'ESPOIR ni la peur ne peuvent agir sur le temps qu'il fait. » Cette maxime, tirée de la sagesse tibétaine, a valeur universelle.

Il m'arrive, par exemple, de me préoccuper de l'heure d'arrivée des personnes que j'attends, par crainte qu'un retard ne vienne perturber mon emploi du temps. Je peux aussi prier et espérer que le temps sera propice à une excursion projetée. Je scrute le ciel pour deviner si les nuages vont se faire menaçants. Je remarque que toutes ces préoccupations me coûtent beaucoup d'énergie. De plus, elles ne me servent ni à faire arriver mes interlocuteurs à l'heure ni à influer sur la pluie et le beau temps. Plutôt que surveiller sans cesse l'arrivée de mes hôtes, je ferais mieux de travailler ou de m'asseoir et méditer. Lorsque je me laisse obséder par le temps qu'il va faire ou par le retard de mes invités, le temps ne m'appartient plus, il est accaparé tout entier par mes ruminations, mes espoirs et mes angoisses. Si j'accepte le temps tel qu'il est, si je dis oui à ce qui advient, je me sens libre. Alors le temps m'appartient et il appartient à Dieu, je peux en jouir. Quand j'y arrive, je me dis : « Puisque je ne peux changer le temps qu'il fait, il est inutile de m'en préoccuper. Puisque je ne peux modifier l'heure d'arrivée de mes hôtes, il ne sert à rien de me faire du souci. » Alors je laisse à Dieu la maîtrise de tout cela et je peux me consacrer, dans la sérénité, à tout ce que j'ai à faire.

Un bain chaud

*D*E BONNES ACTIONS et un bain chaud constituent le meilleur remède possible face à la dépression. Thomas d'Aquin vantait déjà l'effet bénéfique des bains chauds. Le grand théologien le conseillait à ses interlocuteurs dépressifs. Ce conseil recèle une sagesse ancestrale : le bain renvoie au ventre maternel. Là, nous étions bien au chaud dans le liquide amniotique, nous nous sentions en sécurité, légers et portés. Le bain nous rappelle cette sensation du sein maternel. Et notre tristesse s'évanouit.

À ceux qui s'étonneraient de me voir

rapprocher bonnes actions et bain chaud, je réponds que le bain procure bien-être et sentiment de sécurité, la bonne action nous ouvrant au monde extérieur. Elle m'exhorte à prendre des distances avec moi-même, avec mes états d'âme, et à répondre au besoin du prochain. Les bonnes actions me libèrent de mon narcissisme et cela réconforte mon âme. Retrouver la vie par de bonnes actions dissipe la dépression qui n'est qu'un déficit de vie. Dans l'état dépressif, je suis décentré, je ne me sens pas exister. Lorsque je fais quelque chose de bien, j'ai de quoi me réjouir. Et si l'autre se réjouit à son tour de ma bonne action, ma joie en est redoublée. Celui qui se laisse enfermer dans sa dépression s'enfonce toujours plus. Il ne faut pas refouler la dépression mais la prendre en compte. Il faut aussi agir dans un sens qui réconforte l'âme : prendre un bain chaud, se faire du bien ; mais il faut cesser de se regarder sans cesse pour se tourner plutôt vers ceux à qui l'on pourrait faire du bien. Cette attitude est source d'une nouvelle vitalité et de la joie de vivre.

Un cœur réjoui

« CŒUR JOYEUX améliore la santé », affirme la Bible (Proverbes 17, 22). Cela est vrai – et pourtant il ne suffit pas de dire à un homme triste : Réjouis-toi. Je ne peux contraindre quelqu'un à se réjouir. Pourtant, l'important est de savoir que la joie est tapie au fond de notre cœur, joie dont nous sommes trop souvent coupés. Il nous faut donc reprendre contact avec elle. Des moyens concrets peuvent nous y aider. Nous pouvons, par exemple, nous rappeler ce qui nous réjouissait quand nous étions enfants. Nous pouvons encore prêter attention aux petits riens de la vie quotidienne qui nous offrent l'occasion de nous réjouir : le sourire d'une vendeuse, le beau temps, la vitalité de nos enfants. Il est essentiel à l'homme de pouvoir se réjouir, de laisser place à la joie dans son cœur. Des médecins américains ont pu constater que la joie était bénéfique pour le corps comme pour l'âme. Elle contribue à renforcer les défenses face à la maladie. L'effet bénéfique de la joie était connu des sages de l'Ancien Testament. La science cherche à confirmer cet effet bénéfique. La joie est une émotion essentielle, selon la psychologue Verena Kast.

Elle met en mouvement notre âme et notre corps ; elle détend le corps et augmente ainsi sa capacité de résistance.

Il n'y a rien de plus beau
Et peut-être rien de plus sain.

Lumière

« **U**N SEUL MOMENT de joie chasse cent moments de tristesse », affirme un proverbe chinois.

La joie est comme une lumière qui brille dans la nuit. Même si la flamme de la bougie est faible, elle suffit à chasser l'obscurité de la pièce. L'atmosphère en est changée. La lumière n'est pas assez forte pour que nous puissions lire mais l'espace qui entoure la bougie n'est plus sombre. De la même manière, si l'on en croit le proverbe chinois, une petite joie suffit pour chasser la tristesse qui assombrit l'âme.

La joie met de la lumière là où règne la morosité. Elle est comme un coin enfoncé dans le mur de la tristesse. Le coin fracture le mur et fait une brèche par laquelle la vie s'engouffre.

Apprends à danser

« *A* PPRENDS à danser sinon les anges au ciel ne sauront que faire de toi », dit saint Augustin. Pour Augustin, ce n'est pas d'abord l'observance des commandements divins qui nous ouvre le ciel où nous jouirons éternellement de la présence de Dieu. C'est bien plutôt l'amour de la vie dont nous faisons preuve ici-bas. La danse participe de cet amour de la vie.

En dansant, je m'oublie moi-même, je suis tout à mon corps et à la joie qu'il me procure ; j'exprime mon aspiration à la liberté, à la sécurité et à la beauté divine.

Augustin ne peut se représenter les anges que comme des êtres qui dansent. Ils veulent nous entraîner dans leur ronde céleste. Hippolyte, le Père de l'Église, dit du Christ qu'il mène la danse dans la ronde céleste. Les anges, ses partenaires, invitent chacun de nous à entrer dans la magnificence de cette danse céleste et à éprouver la pureté de la joie, de la liberté et de la beauté.

Apprends à profiter de la vie

*U*N PROVERBE affirme : « Qui ne profite pas de la vie deviendra, un jour ou l'autre, invivable. » Nous avons tous à l'esprit des exemples pour illustrer cet adage.

L'ascèse fait partie de tout chemin spirituel, elle consiste à prendre sa vie en main, à décider soi-même, entre autres, de son alimentation. Elle peut devenir obsessionnelle chez certaines personnes. Ces dernières n'éprouvent pas réellement de plaisir à la pratiquer et leur ascèse est motivée plutôt par un rejet de la vie. Elles ne s'accordent quelque chose qu'avec mauvaise conscience ; leur abstinence les empêche de jouir de ce que Dieu leur a offert. Au moment du repas, elles sont obsédées par leur poids et leur santé, ou encore pensent à ceux qui n'ont rien à manger. S'il est normal d'éprouver de la solidarité avec ceux qui sont dans le besoin, il est déplacé de se priver de tout plaisir parce que des gens meurent de faim. Thérèse d'Avila disait : « Quand on jeûne, on jeûne et quand on mange une perdrix, on mange de la perdrix. » Celui qui se pose trop de questions sur le fait de manger un plat recherché ne peut plus apprécier ce qu'il mange. Pour celui qui ne peut plus rien apprécier, l'ascèse n'a aucun sens. Elle fait de lui un rabat-joie, un grincheux, un insatisfait qui ne sait plus se réjouir. La véritable jouissance exige l'ascèse. Dévorer empêche d'apprécier ce que l'on mange. Apprécier n'est possible qu'à celui qui sait renoncer et se limiter.

Pratiquer l'insouciance

ES ANCIENS MOINES du désert sont des maîtres en ce qui concerne l'ascèse. En plus de l'humilité ou du silence, ils mettaient en avant l'insouciance. Le moine s'exerce à l'insouciance en se répétant : « Je n'ai pas de soucis. » Il doit se pénétrer de ces paroles lorsque des soucis surgissent dans son cœur. Nul n'échappe aux soucis. Martin Heidegger considérait le souci comme fondamentalement lié à l'existence humaine. Pourtant, si j'intègre les paroles « Je n'ai pas de soucis » à mon inquiétude, ce sentiment peut se transformer et je sentirai grandir en moi la confiance en la proximité de Dieu. C'est là une manière d'approfondir notre confiance en Dieu. Je ne manipule pas ma pensée, mais je prends en compte mes soucis en essayant de mettre en pratique le message biblique qui m'invite à mettre ma confiance en Dieu.

Les paroles positives et l'autosuggestion que les psychologues, aujourd'hui, nous invitent à pratiquer (par exemple dans le training autogène), les moines les avaient déjà expérimentées. Nous devrions nous en souvenir.

Tentations

*L*ES ANCIENS MOINES ne diabolisaient pas les tentations, ils les voyaient au contraire de manière positive. L'un d'eux a pu dire :

> Lorsque l'arbre ne subit pas les assauts du vent, il ne croît pas et ses racines ne se développent pas. Il en va de même pour le moine : s'il n'est pas soumis à la tentation ou s'il ne la supporte pas, il ne peut devenir un homme véritable.

Cela me rappelle l'histoire du palmier : un homme méchant en voulait à un jeune et beau palmier. Afin de l'empêcher de croître, il lui plaça une énorme pierre sur la couronne. Mais des années plus tard, il dut se rendre compte que ce palmier était devenu plus grand et plus beau que tous les autres alentour. La pierre l'avait contraint à s'enraciner plus profondément et sa croissance en fut favorisée. La présence de la pierre avait constitué un véritable défi pour le palmier. Les tentations constituent de même un défi que le moine doit relever. Elles le contraignent à s'enraciner plus profondément en Dieu, à mettre encore plus sa confiance en Dieu, car elles lui montrent qu'il ne peut s'en sortir par ses seuls moyens. La confrontation permanente à l'obstacle le rend plus fort et le conduit plus vite à maturité.

La question qui se pose à nous aujourd'hui est : vaut-il mieux être droit ou vivant ? Celui qui choisit la droiture risque de passer à côté de la vie de crainte de fauter. Sa vie s'étiolera. Il aura certes gagné en droiture mais perdu en ouverture. Compter avec la tentation, considérer qu'elle fait partie de la vie nous rend plus humains ou, comme le disent les moines, plus humbles. Nous sommes donc à tout moment vulnérables et nous ne pouvons jamais dire que nous sommes au-dessus des tentations, que la haine ou la jalousie ne sauraient nous atteindre. Qui prétend qu'il ne trompera jamais sa femme ou sa compagne méconnaît son cœur. Prendre en compte la tentation nous rend plus vigilants.

Laisse le passé s'enfuir

S 'IL PEUT ÊTRE bénéfique de se pencher sur son passé, de l'analyser, d'y chercher les racines du présent, il n'est pas toujours constructif de le faire. Pour Évagre le Pontique, le danger majeur est de fuir la réalité présente en se réfugiant dans un passé définitivement révolu. Si nous pouvons apprendre du passé des choses utiles pour le présent, il ne doit pas devenir le moyen d'échapper aux conflits présents. Fuir devant les tâches du moment empêche de grandir.

Le passé est passé : ce qui est valable pour le temps l'est aussi pour nos fautes et nos péchés. Nous ne devons pas vivre dans le regret permanent. Notre regard doit être moins tourné sur nous-mêmes que sur Dieu : « Dieu est plus grand que notre cœur, et il connaît tout » (1 Jean 3, 20)

Choisis, aujourd'hui, la vie

« *Q* UE L'ON PASSE sa vie à rire ou à pleurer ne modifie pas la durée de la vie. » Ce proverbe japonais traduit une expérience universelle : chacun dispose d'un temps de vie donné, mais la façon de vivre ce temps dépend de chacun. Il dépend de nous que nous le passions à rire ou à pleurer. D'aucuns s'élèvent contre cette affirmation : nous ne choisissons pas les malheurs qui nous accablent ou la perte d'êtres aimés. Il est vrai que les proverbes sont simplificateurs. On ne peut, certes, pas éviter de pleurer, mais il y a un temps pour les larmes.

Le proverbe attire notre attention sur le fait qu'il dépend de nous de passer la plus grande partie de notre vie dans la dépression ou bien dans une attitude constructive. La manière de réagir aux contraintes extérieures est entre nos mains. Qui va jusqu'au bout de sa tristesse pourra rire à nouveau. Qui reste plongé dans ses larmes passera sa vie à se lamenter. Cela relève de sa décision, le temps qu'il a à vivre lui est offert.

À qui me dit : « Comme tout va mal ! », je donne ce conseil : « Quand tu te lèves le matin, choisis la vie, choisis-la aujourd'hui. Remercie Dieu d'être en vie et tente d'accepter cette journée telle qu'elle se présente. Elle ne t'apportera peut-être pas que de la joie, mais si tu choisis la vie, tu accéderas à ta force, à ta vitalité, à ta joie, en dépit des peines que tu pourras éprouver. »

Mieux vaut en rire

*L*A GAIETÉ ne se commande pas. Aie le courage de ne plus te plaindre de tes défauts, de tes faiblesses, et essaie même d'en rire. Dieu dans sa miséricorde les a depuis longtemps acceptés et pardonnés. Tu peux rire de toi-même si tu ne te prends pas trop au sérieux. En étant léger, tu peux trouver la joie. Cette légèreté trouve son fondement dans la confiance totale en la miséricorde illimitée de Dieu. Lorsque tu comprendras ce qu'est son amour miséricordieux, tu pourras rire de choses qui, aujourd'hui encore, te pèsent et continuer ton chemin en toute liberté et en toute confiance.

Chacun est l'artisan de son malheur

*U*N PROVERBE dit que « chacun est l'artisan de son propre bonheur ». Chacun est responsable de son bonheur. Que nous nous acceptions et que nous soyons en accord avec ce que Dieu nous donne ne dépend que de nous.

J'ai lu sur un mur, peint à la bombe,

un détournement du proverbe qui donnait une interprétation surprenante quant à la conception de la vie : « Chacun est l'artisan de son *malheur*. »

Peut-être son auteur s'est-il inspiré du célèbre ouvrage de Paul Watzlawick : *Faites vous-même votre malheur*. Certaines personnes arrivent à démolir systématiquement le bonheur que la vie leur apporte. Elles s'empêchent d'être heureuses et tranquilles. Elles ont du mal à supporter d'aller bien. C'est un état si inhabituel chez elles qu'elles s'efforcent d'inverser la situation. Elles se comportent comme si un schéma intérieur leur interdisait d'être heureuses, ce qui les pousse à gâcher tout ce qui leur arrive de positif. Complètement identifiées à leur rôle de personnes malheureuses, elles n'arrivent plus à l'éliminer de leur « programme ». Elles se refusent à changer leur tragédie en comédie. La mise en scène de leur vie ne dépend pourtant que d'elles, le choix du scénario aussi. Elles sont encore plus libres de choisir d'accepter les moments heureux ou de les refuser comme n'étant qu'une exception sur le chemin épineux de la vie. Très peu, parmi elles, se reconnaissent comme les « artisans de leur propre malheur ». Elles en rendront plutôt responsables leurs parents, leurs éducateurs, leur famille, la société. Pourtant, il ne tient qu'à elles de réagir à leur éducation et de tirer au mieux parti de la vie.

Cette journée vaut la peine d'être vécue

Q I NE PEUT PAS y avoir d'art de vivre sainement sans la pratique de rituels. Ils servent de remèdes et structurent la journée ; ils nous donnent l'occasion d'interrompre nos activités et, ainsi, d'accéder à la réalité profonde de notre vie. Les rituels ouvrent le ciel, perçant les nuages qui assombrissent notre quotidien. Ils relient à la source de l'inconscient et font couler l'esprit de vie dans les tâches concrètes du quotidien pour les transformer. Au cœur du doute, ils nous donnent la certitude que notre vie sera réussie. Si nous commençons la journée par un rituel, elle sera positive jusqu'au bout. L'envie de vivre est la condition primordiale d'une vie saine. Les rituels sont fixes et réguliers : j'allume une bougie, je me présente à Dieu le matin en faisant toujours le même geste. Jacob oint la pierre sur laquelle il a posé la tête et fait le songe de l'échelle. La simplicité et la dureté de la pierre deviennent signes de la tendresse de l'amour divin qui l'enveloppe. Jacob fait de la pierre un témoin. Les rituels nous rappellent que Dieu nous accompagne dans la vie de tous les jours. Ils constituent un biais par lequel Dieu vient jusqu'à nous.

Les rituels instaurent un ordre dans la vie et peuvent avoir un effet de guérison sur les déchirements intérieurs que ressentent les hommes. Ils remettent de l'ordre dans l'âme, ils redonnent des repères aux personnes dépressives. Ils donnent le sentiment de diriger sa vie. Alors la vie vaut la peine d'être vécue parce qu'elle est une fête, celle de l'union à Dieu. Les rituels montrent que la vie est précieuse et débordante de sens. En ce qui me concerne, par exemple, chaque matin j'élève mes mains vers le ciel et me répète que l'important ne dépendra pas de mon travail ou de mes performances, que le sens de mon existence ne dépendra pas du nombre de rendez-vous que j'aurai, mais que j'aimerais contribuer à ce que le ciel s'ouvre au-dessus des hommes. Cette journée vaut la peine d'être vécue ; j'aimerais laisser ma trace toute personnelle en ce monde. Ma vie ne sera saine et salutaire que si elle est pleine de sens.

Vis de manière authentique

*S*I NOUS devons entendre nos pensées, nos sentiments et nos passions, il est important aussi de nous mettre à l'écoute de nos rêves et de notre corps. Nos rêves nous conduisent souvent au plus près des aspirations de notre âme. Ils attirent notre attention sur les dangers et les risques et nous exhortent à agir en accord avec notre réalité intérieure. Ils mettent le doigt sur nos dysfonctionnements et nous indiquent des moyens de guérison. Évagre le Pontique a laissé des indications précises quant à l'attention à porter à notre corps. Le corps est le reflet de l'âme. Les maladies expriment les refoulements de notre âme. Plutôt que s'interroger sur les causes elles-mêmes de la maladie – ce qui serait une régression et nous culpabiliserait –, c'est sur son sens qu'il faut se questionner. Pour utiliser une image, nous dirons que la maladie est comme le chien qui aboie dans le conte des trois langues dont nous avons déjà parlé : il nous avertit qu'un trésor gît en nous. Le trésor symbolise le Soi véritable à côté duquel nous passons trop souvent. La maladie nous signale que nous avons perdu de vue notre Soi. Elle nous exhorte à vivre de manière authentique, selon le dessein de Dieu.

À l'écoute du corps

*L*E CORPS est souvent plus sincère que l'intelligence qui, elle, est soumise à l'inconscient. Faute de prêter attention à nos sentiments et à nos pensées, ils s'expriment par notre corps afin que nous les entendions. Nous devons nous mettre à l'écoute de notre corps pour entendre notre vérité intime. Il nous faut donc être reconnaissants à notre corps de réagir puisqu'il est le meilleur indicateur de notre état.

Les psychologues savent bien que nos maladies sont souvent liées à nos pensées et nos sentiments. Si nous sommes convaincus que personne ne nous aime, que nous ne sommes bons à rien, notre psyché réagit en nous rendant malades. Les sentiments tus cherchent une voie d'expression dans le corps. L'agressivité refoulée s'installe dans le corps. Elle peut resurgir en se tournant vers les autres ou contre soi en nous rendant dépressifs. La colère refoulée pourra se traduire, par exemple, par des ulcères à l'estomac. La maladie induite par les désirs insatisfaits oblige nos proches à s'occuper de nous. Ce que nous ne nous autorisons pas trouve d'autres chemins pour s'exprimer. Et c'est par le corps que passe, le plus souvent, cette expression. Beaucoup d'entre nous, pressés de retrouver un corps en parfait état de marche, ne prêtent pas assez attention à ce qu'il dit. Pourtant, celui qui écoute son corps vit mieux et en meilleure santé.

Une joie de vivre contagieuse

L A SEXUALITÉ peut – comme énergie vitale – constituer une source de spiritualité. Elle nous conduit hors de nous-mêmes jusqu'à l'extase. Elle est une force positive si nous savons en faire notre alliée et si nous l'utilisons comme aiguillon pour nous dépasser, nous abandonner à Dieu, orienter notre désir vers lui, et pouvoir nous retourner ensuite, enrichis, vers les hommes.

Comme force vitale, la sexualité est transformée en sensualité, vitalité, joie de vivre, fécondité, créativité.

Plus nous vivons intensément et plus notre sexualité est intégrée à notre spiritualité. Lorsque nous diffusons notre énergie vitale, lorsque nous sommes source d'épanouissement pour les autres, c'est que nous avons réussi à faire de notre sexualité la source d'une joie de vivre contagieuse.

La joie vivifiante

*N*ous sommes tous en quête de joie mais nous la recherchons souvent dans des activités qui nous promettent du plaisir, sans pour autant nous rapprocher de nous-mêmes. La joie durable et indestructible peut se trouver aussi dans des circonstances défavorables, elle est déjà au plus profond de ton cœur, tu es seulement coupé d'elle et il te suffit de la retrouver. Laisse-la te revivifier. Alors ta vie ne sera plus déterminée par la reconnaissance et l'intérêt que tu attends des autres, par la réussite ou l'échec, mais par la joie intérieure, cette joie que nul ne peut t'enlever puisqu'elle surgit d'une source profonde.

La vie à profusion

Q U'EST-CE au fond qu'une vie de qualité ? Qu'entendons-nous par « vie éternelle » ou « vie à profusion » ? Nous ne nous définissons pas seulement par la performance et la réussite, par la santé ou la maladie, par la reconnaissance ou le rejet des autres. Et si nous rencontrons des difficultés, nous ne *sommes* pas ces difficultés ; si nous avons peur, nous ne *sommes* pas notre peur. Nous portons en nous un noyau de vie indestructible que nul ne peut nous dérober : la vie éternelle n'est pas autre chose. Nous pouvons éprouver cette vie éternelle dans notre vie de tous les jours, dans nos relations aux autres. Ce ne sont pas les attentes et les jugements des autres qui sont déterminants pour nous, mais la relation que nous entretenons avec la transcendance, ce que la Bible appelle amour et qui a la force de transformer notre vie si nous nous abandonnons à lui. Les images bibliques qui évoquent la vie à profusion, qui parlent d'ouverture et de liberté sont concrètes et explicites : il y est question d'une saveur nouvelle de la vie. Notre vie, insipide comme l'eau, dure et froide comme l'argile des jarres, prisonnière des normes comme enfermée dans les jarres est transformée en vin qui réjouit le cœur de l'homme. Une autre image rapproche la vie des noces avec Dieu. La Bible parle souvent de nouvelle naissance ou de vie nouvelle. La vie à profusion est aussi celle qui nous inonde lorsque nous renouons avec notre source intérieure, source dont nous sommes trop souvent coupés par nos soucis et nos problèmes. Le chemin qui conduit à cette vie nous mène à la terre promise, dans un pays où nous pouvons être tout à fait nous-mêmes, en accord avec notre image divine. Dans notre traversée du désert, il nous faut nous souvenir en permanence de qui nous sommes vraiment. Notre nature va au-delà du respect du devoir, nous possédons aussi une dignité inviolable puisque nous sommes nés de Dieu qui nous donne la vie véritable et la liberté authentique La vie à profusion, c'est aussi aider les autres à remonter jusqu'à leur source intérieure, à ouvrir les yeux sur la vérité enfouie au fond de leur cœur afin qu'ils découvrent ce qui les empêche de vivre. La vie à profusion, c'est encore accéder au réel en soi, c'est-à-dire s'accepter tel que l'on est, faiblesses et défauts compris. Nous pouvons tout présenter à Dieu afin qu'il le transforme en abondance de vie. Si je traverse la vie avec un regard nouveau, je percevrai la vie à profusion, y compris dans

la banalité du quotidien, comme quelque
chose que même la mort ne peut anéantir. Cette vie dans l'amour, même la mort
ne peut nous l'enlever. Le philosophe
Gabriel Marcel l'a exprimé sous cette
forme : « Aimer un être [...] c'est dire : toi,
tu ne mourras pas [27]. » La vie à profusion
signifie donc aussi apprendre à aimer
d'une manière nouvelle, aimer en se donnant et se perdant sans viser aucun avantage. Cette vie transmise dans l'amour,
nous pouvons la diffuser sans en être
diminués parce que nous sommes,
depuis toujours, aimés. Cette vie à profusion, nous y accédons parce que nous
acceptons notre vie limitée dans sa banalité en même temps que nos difficultés et
nos échecs. L'important est de rester en
chemin, sur ce chemin ordinaire que
nous empruntons chaque jour de notre
vie. Ce chemin nous apporte santé et
salut, c'est celui du véritable art de vivre.

Rien n'a plus d'importance
que le présent

« *R*IEN N'A AUTANT d'importance
que le jour présent », disait
Goethe.

Quand je rejoins mon bureau le matin,

voyant la pile de dossiers en instancé, je me dis : Une chose après l'autre. Rien n'a plus d'importance que d'écrire cette lettre ou de signer celles qui doivent partir. Vivre dans l'instant, être attentif, goûter le présent : c'est la recommandation des maîtres spirituels. Jésus m'exhorte à oublier la préoccupation du lendemain. Je dois me tourner vers lui : « Ne vous inquiétez donc pas du lendemain : demain s'inquiétera de lui-même » (Matthieu 6, 34). Le souci du lendemain alourdit le présent et il vaut mieux se préoccuper du jour présent : c'est aujourd'hui que je dois choisir de vivre, aujourd'hui que je dois décider de ce que j'ai à faire. Réussir à assumer le jour présent constitue un défi bien suffisant.

Dans l'écriture du traité
de l'art de vivre en harmonie,
à chacun d'écrire sa propre page.

Notes

1. Les citations des Pères du désert sont données d'après la traduction de Jean-Claude Guy : *Les Apophtegmes des Pères*, Paris, Éd. du Cerf, 2 tomes, 1993 s., et *Paroles des Anciens. Apophtegmes des Pères du désert*, Paris, Éd. du Seuil, 1976.

2. *Sensitivity training* ou « entraînement sensitif », « entraînement de la sensibilité » : cette notion, qui a été développée essentiellement aux États-Unis, recouvre un ensemble assez vaste de méthodes qui se donnent pour but d'ouvrir l'individu comme le groupe tant à leur monde environnant qu'à leurs sentiments internes.

3. Les citations bibliques sont faites d'après la traduction de l'École biblique de Jérusalem, *La Bible de Jérusalem*, Paris, Éd. du Cerf, 1988.

4. De la même manière, en allemand « patience » se dit *Gedult*, qui vient de *dulden*, « porter, supporter, prendre sur soi ».

5. Erhart Kästner, *Die Studentrommel vom heiligen Berg Athos* [« Les Heures du mont Athos rythmées par le tambour »], Insel, Francfort, 1974.

6. Friedrich Hölderlin, *Mnémosyne*, dans *Œuvres*, trad. française sous la dir. de Philippe Jaccottet, Paris, Gallimard, « La Pléiade », 1967, p. 879.

7. *Id.*, *Souvenir*, dans *Œuvres*, *op. cit.*, p. 876.

8. Augustin, *Confessions*, livre XI, trad. française Louis de Mondadon, Paris, Pierre Horay, repris aux Éd. du Seuil, 1982, p. 312.

9. *Ibid.*, p. 317.

10. Boèce, *Consolation de la philosophie*, trad. française de Colette Lazam, Paris, Payot, 1989, p. 211.

11. Évagre le Pontique, « Chapitres de la prière », dans *Philocalie des Pères neptiques*, trad. L. Regnault et J. Touraille, fascicule 8, Abbaye de Bellefontaine, 1987, p. 61.

12. Angelus Silesius (1624-1677), *Le Pèlerin chérubinique*, trad. française de Camille Jordens Paris, Éd. du Cerf-Albin Michel, 1994, livre I, § 13 et 47.

13. Andreas Gryphius (1616-1663), considéré comme le plus grand poète allemand de l'époque baroque, annonce Novalis et les romantiques. Le pessimisme profond de son mysticisme l'empêche, pourtant, de trouver l'apaisement, contrairement à Angelus Silesius.

14. Évagre le Pontique, *Praxis et Gnosis*, Paris, Éd. du Cerf-Albin Michel, 1992, p. 54.

15. Jean Climaque, *L'Échelle sainte*, 4e degré, § 99, trad. Placide Deseille, Abbaye de Bellefontaine, 1978, p. 82. Jean, moine du VIIe siècle, se retira dans la solitude, près du mont Sinaï, dès l'âge de seize ans. Choisi comme abbé par les moines qui l'entouraient, il a laissé différentes œuvres spirituelles dont cette *Échelle sainte* ou *Échelle du Paradis*, dont il tire le nom sous lequel nous le connaissons : le mot grec *climax* veut dire « échelle ».

16. Carl Gustav Jung, *Correspondance*, t. IV (1955-1957), trad. Claude Maillard, Paris, Albin Michel, 1995, p. 196.

17. Wolfgang Schmidbauer, *Hilflose Helfer* [Quand ceux qui aident sont démunis], édition de poche, Rowohlt, 1997.

18. Jésus Ben Sira : auteur du livre biblique appelé *Livre de l'Ecclésiastique*, transmis dans les Bibles grecque, latine et syriaque. Son titre vient du latin *ecclesiasticus*, le titre grec étant *Sagesse de Jésus, fils de Sira* (Jésus Ben Sira).

19. Konstantin Raudive (1909-1974) : philosophe et écrivain né en Lettonie ; il a consacré la fin de sa vie au spiritisme.

20. Francisco de Jaso, dit François Xavier (1506-1152), jésuite, a été surnommé l'Apôtre des Indes. Il a été parmi les premiers compagnons d'Ignace de Loyola et a évangélisé l'Inde portugaise, les Moluques et le Japon.

21. Dietrich Bonhoeffer (1909-1945) : ce résistant de la première heure, exécuté par les nazis, a été le théologien d'un christianisme projeté dans un monde non religieux. De sa prison, il a échangé une correspondance, notamment avec Maria von Wedemeyer, sa fiancée (voir Arnaud Corbic, *Dietrich Bonhoeffer*, Paris, Albin Michel, 2002). Saint Boniface (v. 675-754) : Wynfrith, qui prit le nom latin Bonifacius, a été le principal artisan de la conversion des Germains. Archevêque de Mayence, il est mort assassiné lors d'une mission en Frise. Sainte Lioba (710-782) était nonne dans un couvent du Wessex, en Angleterre, quand elle fut appelée par son oncle, Boniface, pour l'aider dans son œuvre missionnaire en Germanie. Il lui confia la direction du couvent de Bischofsheim.

22. Zenta Maurina (1897-1978) : philologue et philosophe, née en Lettonie. Elle a vécu à Uppsala et en Allemagne où elle a été reconnue comme essayiste et écrivain. Poliomyélitique, elle dut vivre, dès l'âge de cinq ans, sur une chaise roulante. Elle a été la compagne de Konstantin Raudive.

23. Antoine de Saint-Exupéry, *Le Petit Prince*,

Paris, Gallimard, 1946, coll. « Folio junior », p. 72.

24. Carl Gustav Jung, *L'Âme et la Vie*, trad. Roland Cahen et Yves Le Lay, Paris, Buchet-Chastel, 1995, p. 185.

25. Carl Gustav Jung, *Correspondance*, t. I (1906-1940), trad. Josette Rigal et Françoise Périgaut, Paris, Albin Michel, 1992, p. 302.

26. Saint Augustin, *Confessions, op. cit.*, p. 327.

27. Gabriel Marcel, *Homo viator*, Paris, Aubier-Montaigne, 1944, p. 194.

Table

Table

Se réconcilier avec la mort
2009

L'Art de bien vieillir
2008

L'Art de vivre en harmonie
2004

Petite méditation sur les mystères de l'amitié
2004

Invitation à la sérénité du cœur
2002

Petit manuel de la guérison intérieure
2001

Chacun cherche son ange
2000

Petite méditation sur les fêtes de Noël
1999

Petit traité de spiritualité au quotidien
1998

Composition Nord Compo
Impression CPI Bussière en janvier 2012
à Saint-Amand-Montrond (Cher)
Éditions Albin Michel
22, rue Huyghens, 75014 Paris
www.albin-michel.fr

ISBN 978-2-226-15426-2
N° d'édition : 15688/06. – N° d'impression : 114284/1.
Dépôt légal : septembre 2004.
Imprimé en France.